Por que os Impérios Caem

ROMA,
AMÉRICA E O
FUTURO DO
OCIDENTE

Por que os Impérios Caem

PETER HEATHER
JOHN RAPLEY

ALTA BOOKS
GRUPO EDITORIAL

Rio de Janeiro, 2024

Por que os Impérios Caem

ISBN: 978-85-508-2422-2

Alta Cult é uma Editora do Grupo Editorial Alta Books.

Impresso no Brasil — 1ª Edição, 2024 — Edição revisada conforme o Acordo Ortográfico da Língua Portuguesa de 2009.

Dados Internacionais de Catalogação na Publicação (CIP)
(Câmara Brasileira do Livro, SP, Brasil)

Heather, Peter
Por que os impérios caem : Roma, América e o futuro do ocidente / Peter Heather, John Rapley ; [tradução João Costa]. -- 1. ed. -- Rio de Janeiro : Alta Books, 2024.

Título original: Why empires fall
ISBN 978-85-508-2422-2

1. América - História 2. Civilização - História 3. Ocidente - História 4. Política - História 5. Roma - História I. Rapley, John. II. Título.

24-195351 CDD-909

Índices para catálogo sistemático:

1. Civilização : História 909

Eliane de Freitas Leite - Bibliotecária - CRB 8/8415

Grupo Editorial Alta Books

Produção Editorial: Grupo Editorial Alta Books
Diretor Editorial: Anderson Vieira
Editor da Obra: José Ruggeri
Vendas Governamentais: Cristiane Mutüs
Gerência Comercial: Claudio Lima

Produtor Editorial: Thiê Alves
Tradução: João Costa
Copidesque: Edite Siegert
Revisão: Isabela Monteiro
Diagramação: Catia Soderi

ALTA BOOKS
GRUPO EDITORIAL

Rua Viúva Cláudio, 291 — Bairro Industrial do Jacaré
CEP: 20.970-031 — Rio de Janeiro (RJ)
Tels.: (21) 3278-8069 / 3278-8419
www.altabooks.com.br — altabooks@altabooks.com.br
Ouvidoria: ouvidoria@altabooks.com.br

Editora **afiliada à:**

SUMÁRIO

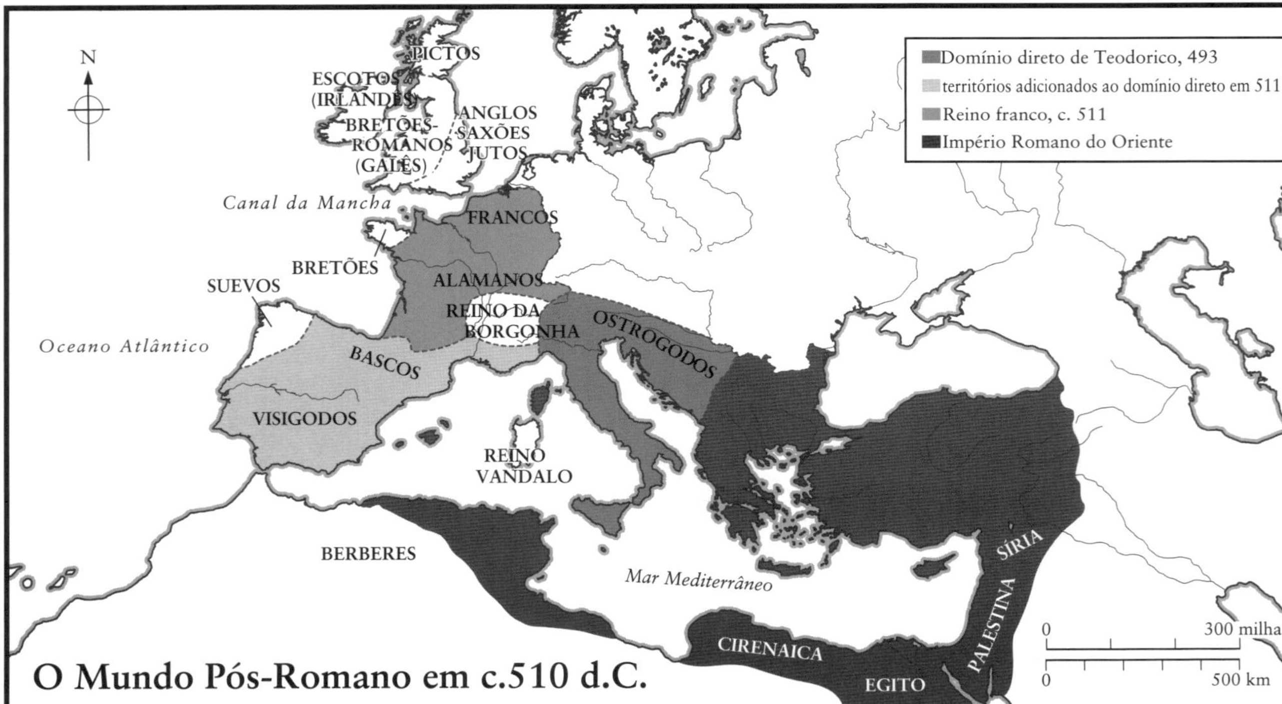

O Mundo Pós-Romano em c.510 d.C.

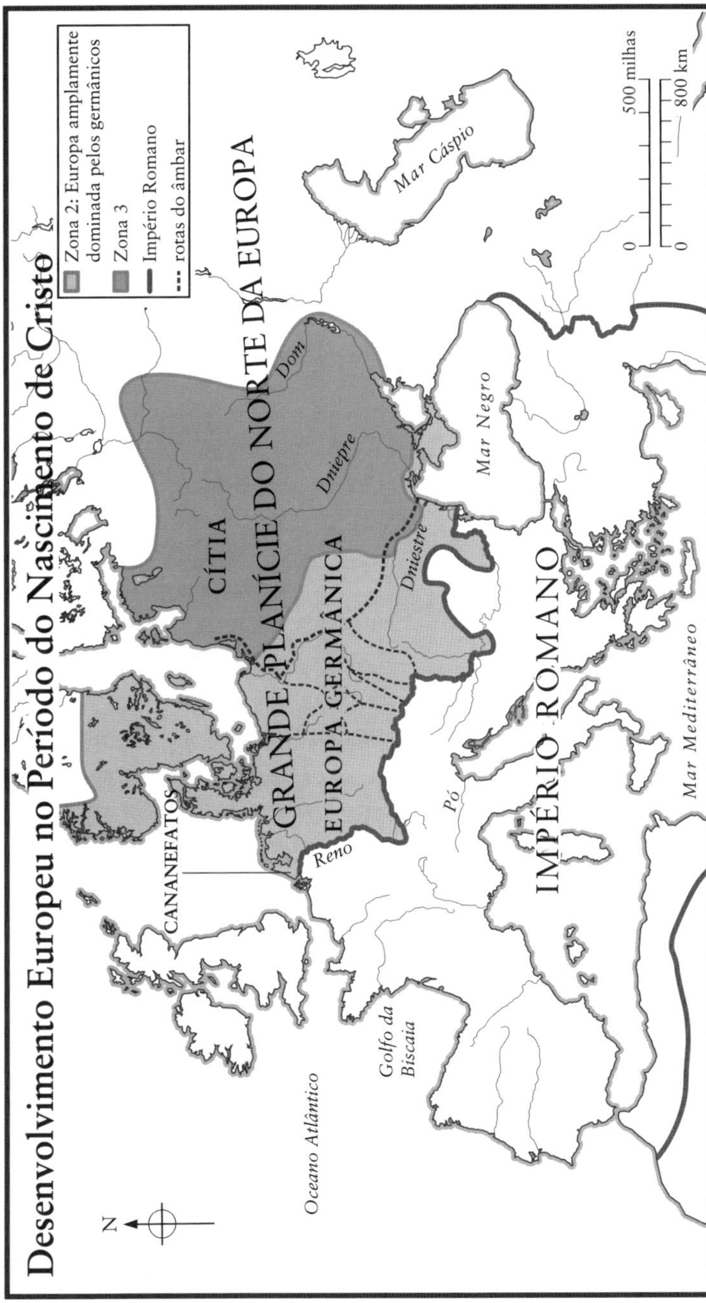
Desenvolvimento Europeu no Período do Nascimento de Cristo
Zona 2: Europa amplamente dominada pelos germânicos
Zona 3
Império Romano
rotas do âmbar
GRANDE PLANÍCIE DO NORTE DA EUROPA
CÍTIA
EUROPA GERMÂNICA
IMPÉRIO ROMANO
CANANEFATOS
Oceano Atlântico
Golfo da Biscaia
Reno
Pó
Dniestre
Dniepre
Dom
Mar Negro
Mar Cáspio
Mar Mediterrâneo
N
0
500 milhas
0
800 km

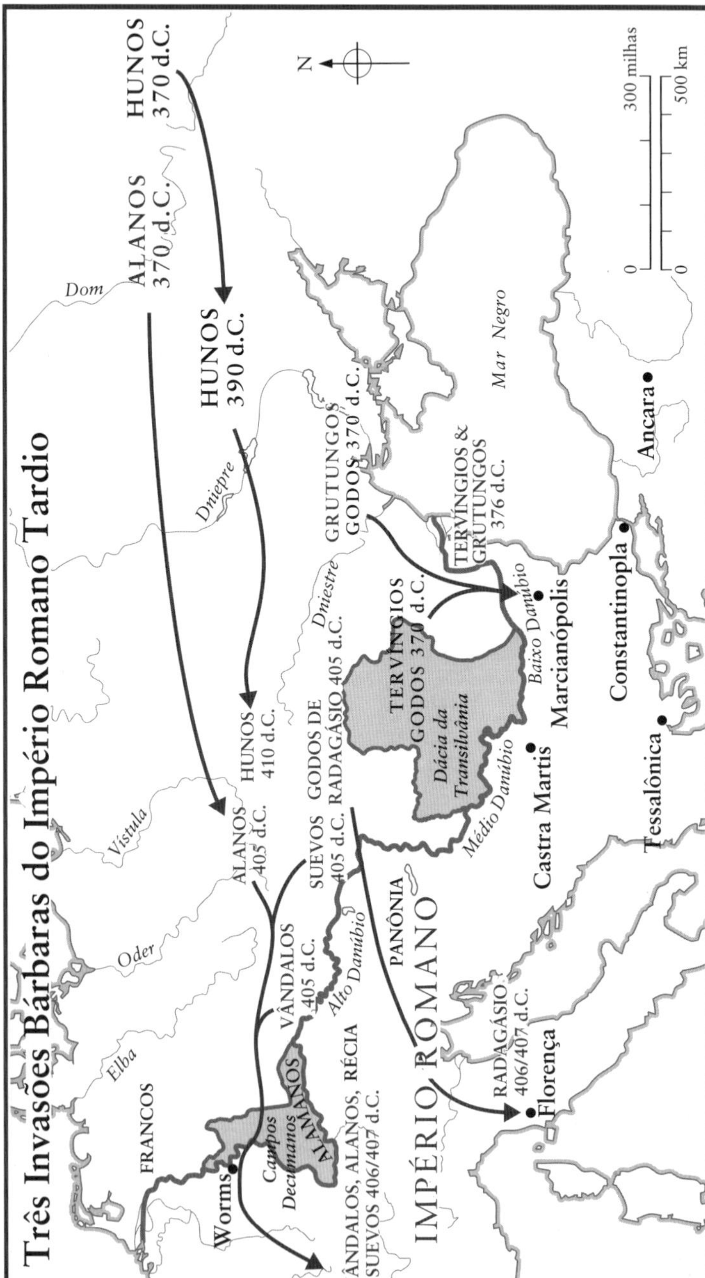
Três Invasões Bárbaras do Império Romano Tardio
HUNOS 370 d.C.
ALANOS 370 d.C.
HUNOS 390 d.C.
Dom
Dniepre
Dniestre
GRUTUNGOS GODOS 370 d.C.
TERVÍNGIOS & GRUTUNGOS 376 d.C.
TERVÍNGIOS GODOS 370 d.C.
Mar Negro
Ancara
Constantinopla
Marcianópolis
Baixo Danúbio
Dácia da Transilvânia
HUNOS 410 d.C.
ALANOS 405 d.C.
GODOS DE RADAGÁSIO 405 d.C.
SUEVOS 405 d.C.
VÂNDALOS 405 d.C.
Vístula
Oder
Elba
FRANCOS
Worms
Campos Decumanos
ALAMANOS
VÂNDALOS, ALANOS, SUEVOS 406/407 d.C.
RÉCIA
Alto Danúbio
PANÔNIA
Médio Danúbio
IMPÉRIO ROMANO
RADAGÁSIO 406/407 d.C.
Florença
Castra Martis
Tessalônica
N
300 milhas
500 km
0

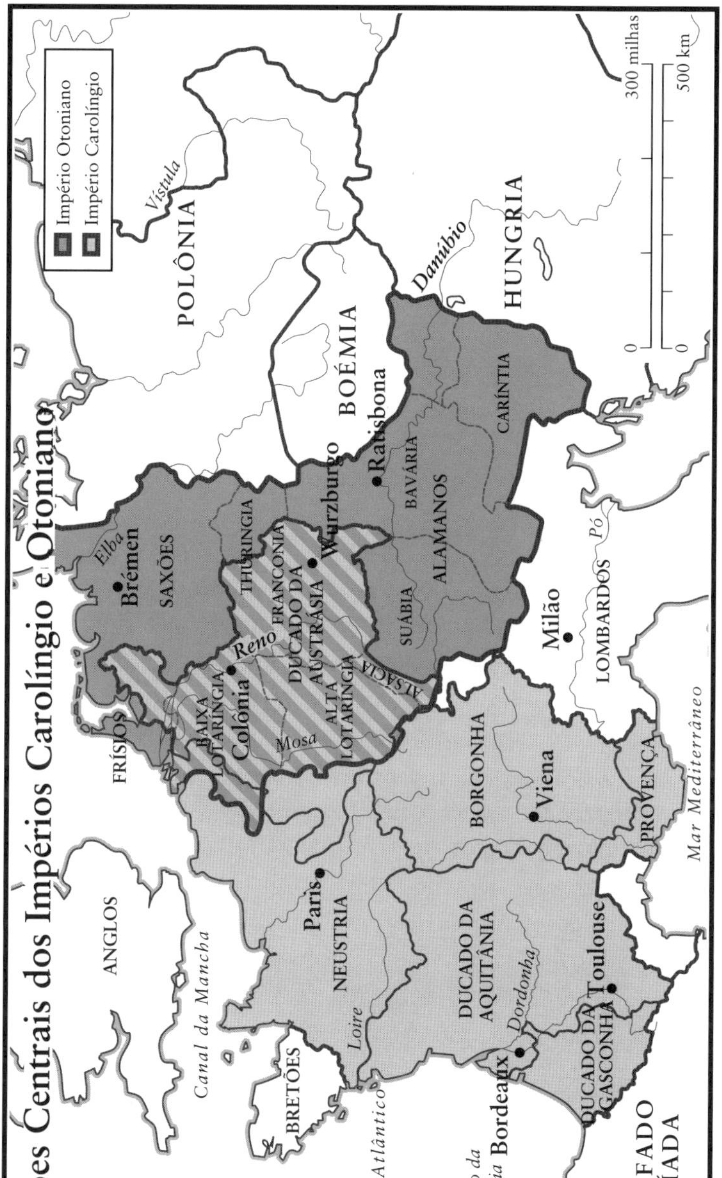

Regiões Centrais dos Impérios Carolíngio e Otoniano
Império Otoniano
Império Carolíngio
N
0
300 milhas
0
500 km
ANGLOS
Canal da Mancha
BRETÕES
Oceano Atlântico
Golfo da Biscaia
Bordeaux
CALIFADO OMÍADA
DUCADO DA GASCONHA
Toulouse
DUCADO DA AQUITÂNIA
Dordonha
Loire
NEUSTRIA
Paris
BORGONHA
Viena
PROVENÇA
Mar Mediterrâneo
FRÍSIOS
BAIXA LOTARÍNGIA
Colônia
Mosa
ALTA LOTARÍNGIA
DUCADO DA AUSTRÁSIA
FRANCONIA
Reno
ALSÁCIA
Brêmen
Elba
SAXÕES
THURINGIA
Wurzburgo
SUÁBIA
ALAMANOS
BAVÁRIA
Ratisbona
CARÍNTIA
BOÉMIA
POLÔNIA
Vístula
Danúbio
HUNGRIA
Milão
LOMBARDOS
Pó

Introdução: Siga o Dinheiro

O Ocidente pode tornar-se grande novamente? Ele deveria ao menos tentar?

Entre os anos 1800 e a virada deste milênio, o Ocidente se ergueu para dominar o mundo. Durante esses dois séculos, deixou de ser um dos vários players de uma economia global emergente para gerar oito décimos da produção do mundo. Simultaneamente, a renda média no mundo ocidental — as economias desenvolvidas da OCDE de hoje — aumentou: de aproximadamente igual às do restante da humanidade, passou a ser cinquenta vezes maior.

Esse domínio econômico esmagador estimulou uma reconstrução política, cultural, linguística e social do mundo à imagem do Ocidente. Em quase todos os lugares, o Estado-nação, um produto da evolução interna da Europa, tornou-se o pilar da vida política, substituindo a imensa variedade de Estados urbanos, reinos, califados, bispados, xecados, cacicados, impérios e regimes feudais que já haviam pontilhado o globo. O inglês tornou-se o idioma do comércio global, o francês (e mais tarde o inglês, novamente) o da diplomacia global. O mundo depositou seus superavits nos bancos ocidentais, com a libra, depois o dólar, substituindo o ouro como o lubrificante do comércio entre as nações. As universidades ocidentais tornaram-se as mecas de aspirantes a intelectuais de todo o mundo e, no final do século XX, o planeta se divertiu com filmes de Hollywood e futebol europeu.

Então, de repente, a história se inverteu.

À medida que a crise financeira de 2008 se transformou na grande estagnação, a participação do Ocidente na produção global diminuiu de 80% para 60%, e continua a cair, embora de forma mais lenta, desde

Crescimento do PIB Per Capita (%), 1983–2020

Países em desenvolvimento

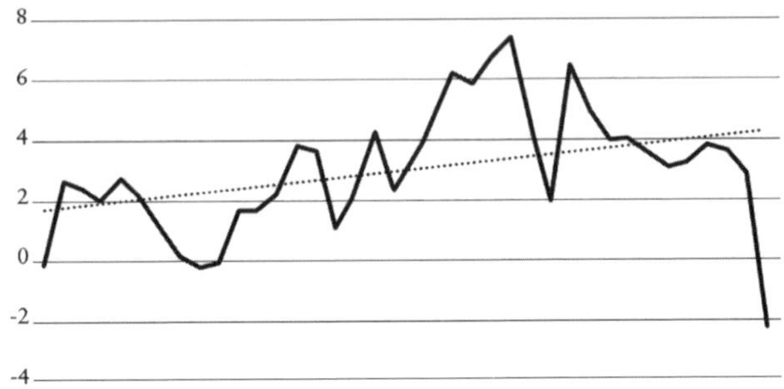

Países desenvolvidos

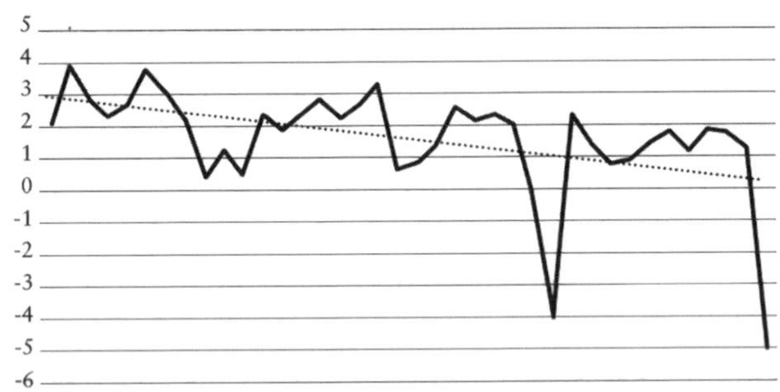

Fonte: World Bank, World Development Indicators

então. Os salários reais caíram, o desemprego juvenil disparou e os serviços públicos foram desgastados, à medida que a dívida — pública e privada — aumentava drasticamente. A dúvida e a divisão interna substituíram a robusta autoconfiança da década de 1990 no discurso político liberal-democrático ocidental. Simultaneamente, outros modelos — o planejamento central autoritário do Estado chinês, em particular — tornaram-se cada vez mais influentes na cena mundial, apoiados por uma economia chinesa que, ao longo das últimas quatro décadas, registrou uma média anual surpreendente de crescimento do rendimento per capita, mais de 8%, o que significou que os rendimentos chineses reais duplicaram a cada década. Por que o equilíbrio do poder mundial oscilou de forma tão drástica contra o Ocidente? Será esse um declínio que pode ser revertido, ou é uma evolução natural à qual o Ocidente faria melhor em se adaptar?

Essa não é a primeira vez que o mundo testemunha ascensão e queda tão consideráveis. A ascensão de Roma para o que era, em seus próprios termos, a dominação global, começou no século II a.C., e seu domínio durou quase 500 anos, antes de colapsar em meados do primeiro milênio da era cristã. Pode ter sido há 1500 anos, mas este livro afirma que o declínio de Roma ainda tem lições importantes para o presente, usando o Império Romano e o mundo em geral originado a partir dele para pensar, novamente, sobre a história e a situação do Ocidente contemporâneo. Não somos os primeiros a pensar que o destino de Roma pode ter algo para ensinar ao mundo moderno, mas, até agora, sua história foi mobilizada para oferecer um diagnóstico altamente ocidental do que está acontecendo. Como o historiador Niall Ferguson afirmou em um comentário de alto nível sobre o massacre do Bataclan em Paris em 2015, publicado em jornais de destaque em ambos os lados do Atlântico (nada menos que o *Sunday Times* e o *Boston Globe*), a Europa "começou a declinar em seus shoppings e estádios esportivos", enquanto permitia a entrada de "estrangeiros que cobiçaram sua riqueza sem renunciar à sua fé ancestral... como o Império Romano no início do século V, a Europa *permitiu* (ênfase adicionada) que suas defesas desmoronassem." Ferguson conclui que "é exatamente assim que as civilizações colapsam". Ele se inspirou na famosa obra-prima de Edward Gibbon, *Declínio e queda do Império Romano*, a qual afirmava que Roma sofreu uma lenta erosão interna quando parou de resistir aos estrangeiros — uma estranha mistura de cristãos e godos bárbaros, vândalos e outros —, que começaram a prosperar dentro de suas fronteiras. Como se houvesse um vírus que gradualmente consumisse a força do hospedeiro no qual penetrou, o império se deteriorou lentamente, de sua era de ouro até o ponto em que perdeu, efetivamente, a vontade de viver. A perspectiva básica de Gibbon — de que Roma estava encarregada de seu próprio destino — permanece influente até hoje, e para alguns, incluindo Ferguson, a lição é evidente. O antídoto para o declínio imperial é controlar as fronteiras, manter "estrangeiros" de fora, construir muros e reafirmar a fé ancestral, enquanto adota um nacionalismo mais robusto e reavalia acordos comerciais internacionais.[1]

Mas, por mais poderosos que os tropos de invasores bárbaros e a decadência interna fossem, Gibbon escrevia há muito tempo seu primeiro livro, publicado em 1776, mesmo ano em que os Estados Unidos declararam a independência. E, nos dois séculos e meio que se seguiram, os entendimentos da história romana evoluíram, oferecendo uma perspectiva fundamentalmente diferente da situação atual em que o Ocidente se encontra, e de como é provável que ele se desenvolva nas próximas décadas.

A potencial contribuição de uma história romana revisada, para uma compreensão alternativa e descolonizada da posição atual do Ocidente, ficou clara em uma conversa entre os dois autores, há mais de uma década. Peter Heather é um historiador dos períodos romano e pós-romano, com um interesse particular na forma como viver à beira de um império global transformou as sociedades abrangidas por sua órbita. John Rapley é um economista político, com um interesse particular na globalização como fenômeno experimentado na prática no mundo moderno em desenvolvimento. Uma longa conversa vespertina deixou claro que nós dois estávamos chegando a conclusões semelhantes sobre o desvendar dos impérios muito distintos nos quais trabalhamos.

Em vez de ter seu próprio futuro totalmente determinado por escolhas e eventos que se desenrolam em seus próprios domínios, nós dois argumentamos que "nossos" impérios basicamente começaram o fim de seu próprio domínio, em função do tipo de transformação que desencadearam no mundo ao redor deles. Apesar (e às vezes por causa) das profundas diferenças entre a Roma antiga e o Ocidente moderno, as duas histórias são mutuamente esclarecedoras. Há um ciclo de vida imperial que começa com o desenvolvimento econômico. Os impérios surgem para gerar novos fluxos de riqueza para um núcleo imperial dominante, mas, ao fazê-lo, criam novas riquezas nas províncias conquistadas e em alguns territórios mais periféricos também (terras e povos que não são formalmente colonizados, mas que são atraídos para relacionamentos econômicos subordinados com o núcleo em desenvolvimento). Tais transformações econômicas devem ter consequências políticas. Qualquer concentração ou fluxo de riqueza é o potencial elemento de construção de um novo poder político para os participantes que saibam aproveitá-lo. Como resultado direto, o desenvolvimento econômico em larga escala na periferia inicia um processo político, o qual acabará por desafiar o domínio do poder imperial que iniciou o ciclo original.

Essa lógica econômica e política é tão poderosa que algum grau de relativo declínio no antigo centro imperial se torna inevitável. Você não pode simplesmente "tornar a América grande novamente" (ou o Reino Unido, ou a UE), porque o próprio exercício do domínio ocidental nos últimos séculos reorganizou os elementos fundamentais do poder estratégico global no qual essa "grandeza" se baseou. Isso também significa que tentativas diretas, mal fundamentadas, para reverter o declínio relativo, do tipo vistas recentemente no "MAGA America" ou no Brexit Britain, arriscam apenas acelerar e aprofundar o processo. Mas o resultado geral não precisa ser um colapso catastrófico da civilização na forma de um declínio econômico absoluto e em grande escala, nem uma desorganização nos âmbitos social, político e até mesmo cultural.

Como a história do mundo romano também enfatiza, os impérios podem responder ao processo de ajuste com uma série de medidas possíveis, desde as profundamente destrutivas até as muito mais criativas. O Ocidente moderno está perto do início de seu próprio processo de ajuste; o mundo romano trabalhou totalmente por si só há muito tempo e, aqui também, a comparação constante oferece informações importantes. O verdadeiro significado das trajetórias visíveis de desenvolvimento no Ocidente moderno — hoje em um estágio relativamente inicial — entra em foco quando comparado às mudanças de longo prazo, observadas à medida que o Império Romano evoluiu e depois desmoronou no meio milênio que se seguiu ao nascimento de Cristo.

Para explorar todo o potencial dessa comparação, o livro é dividido em duas partes. A Parte 1 usa a história romana para entender a ascensão do Ocidente moderno. Essa revela o grau surpreendente em que a evolução econômica e política interna do Ocidente moderno nos últimos séculos repetiu a do Império Romano, e analisa por que seu surpreendente domínio da economia mundial diminuiu de forma tão significativa — e deve continuar a fazê-lo. Mas, onde o desafio moderno da periferia em desenvolvimento está ainda em um estágio inicial, o papel de uma periferia crescente, tanto ao minar o Império Romano quanto ao gerar novos mundos após o colapso imperial, pode ser explorado na íntegra. Portanto, a Parte 2 adota uma abordagem ligeiramente diferente: as duas narrativas imperiais não podem caminhar lado a lado, pois uma delas está longe de ser completa. Começa-se analisando de perto o colapso romano para identificar os principais fatores em jogo nesse processo, enquanto os capítulos restantes examinam a relevância de cada um desses fatores para o Ocidente moderno, usando as evidências antigas para considerar a gama de resultados a longo prazo — os melhores e piores — que têm probabilidade de ocorrer. É impossível tornar o Ocidente grande novamente, no sentido de reafirmar um domínio global incontestado, mas o processo necessário pode reunir o melhor da civilização ocidental, a fim de criar uma nova ordem global emergente ou de minar as melhores esperanças de prosperidade contínua das populações ocidentais em um mundo refeito. Por fim, como a história romana enfatiza novamente, o futuro do Ocidente dependerá de quais escolhas políticas e econômicas seus cidadãos e líderes farão nos anos cruciais que estão por vir.

PARTE 1

1

Festejando Como se Fosse 399...

WASHINGTON, D.C., 1999

No atual clima político de divisão amarga e revolta pública devido ao crescimento da desigualdade, à estagnação dos padrões de vida, ao aumento da dívida e à decomposição dos serviços públicos, é difícil lembrar que há apenas 20 anos o futuro do Ocidente parecia tão diferente. Quando o século XX entrou em seu último ano, os Estados Unidos eram o centro do mundo moderno. O desemprego caíra para índices baixos históricos, e a economia dos EUA — a maior do mundo, com larga vantagem — desfrutava a maior explosão de crescimento que já havia visto, o mercado de ações subindo dois dígitos por ano. Surfando na alta da bolha pontocom, milhões de americanos que possuíam ações ficavam mais ricos a cada dia e gastavam suas fortunas inesperadas em um ciclo virtuoso, o que significava que a economia havia crescido. E não apenas a América: todo o Ocidente — as economias ricas e industrializadas, constituídas principalmente pelos amigos e aliados da América na Europa Ocidental, Canadá e Ásia (Austrália, Nova Zelândia e, posteriormente, Japão) — dominou o planeta como um colosso, sua prosperidade e valores de liberdades individuais, democracia e livres mercados, fatos incontestáveis da vida.

Dez anos antes, no que parecia ser o momento histórico definidor do século XX, os manifestantes da Europa Oriental haviam derrubado seus governantes comunistas. Dois anos depois disso, a União Soviética se desintegrou, e os economistas americanos começaram a percorrer o mundo, aconselhando os governos sobre as virtudes de reestruturar suas economias e instituições políticas à imagem do Ocidente. Até o

Partido Comunista da China abraçou o mercado. A Alemanha se reunificou, a Europa emergiu da recessão, a Grã-Bretanha nunca fora tão descolada e a América se ergueu. Em 1999, a participação da produção global consumida pelo Ocidente atingiu o ponto mais alto já registrado: um sexto da população do planeta consumia impressionantes quatro quintos da produção mundial de bens e serviços.

No discurso sobre o Estado da União em 1999, exalando um otimismo de que os bons dias nunca terminariam, o presidente dos EUA, Bill Clinton, declarou que "a promessa do nosso futuro é ilimitada". Com os economistas dizendo-lhe que uma "grande moderação" havia se estabelecido, uma era de estabilidade econômica que proporcionaria um crescimento sem fim, sua administração concluiu que os superavits do governo em breve chegariam aos trilhões. Como Clinton pediu ao Congresso que distribuísse parte desse vasto montante de dinheiro para pensões e assistência médica, seu secretário do Tesouro anunciou que, após décadas de deficits crescentes, os EUA finalmente começariam a pagar todas as dívidas que seus governos haviam acumulado nos dois séculos anteriores e colocariam ainda mais dinheiro nos bolsos dos norte-americanos comuns. Enquanto isso, do outro lado do Oceano Atlântico, o novo governo trabalhista de Tony Blair, canalizando o espírito da época, lançou uma expansão extremamente ambiciosa de serviços públicos, enquanto a União Europeia, calma e autoconfiante, preparava-se para receber grande parte do antigo bloco soviético no clube das elites de democracias ocidentais.

Apenas alguns anos depois, o otimismo evaporou. A crise financeira global de 2008 foi rapidamente seguida por uma Grande Recessão, e depois por uma Grande Estagnação. Apenas uma década após o seu pico em 1999, a cota do Ocidente na produção global tinha diminuído um quarto: 80% do produto mundial bruto (PMB) se tornara 60%. E, embora os piores efeitos imediatos da crise tenham sido rapidamente contidos — uma vez que os governos e os bancos centrais inundaram as suas economias com dinheiro, enquanto as taxas de crescimento em parte importantes do mundo em desenvolvimento permaneceram elevadas —, os países ocidentais não conseguiram restaurar as taxas de crescimento de antigamente. Como resultado, a participação do Ocidente no PMB continua a diminuir. E não é apenas na economia que o Ocidente tem perdido terreno rapidamente. A outrora brilhante "marca" ocidental perdeu a sua aura, e agora apresenta de maneira frequente aos estrangeiros uma imagem de indecisão, profundamente dividida em democracias que cada vez mais parecem proporcionar benefícios a poucos, restaurando a credibilidade perdida à liderança autoritária e aos modelos unilaterais de economia e direção política.

Para alguns comentaristas ocidentais, o diagnóstico de Gibbon sobre a queda de Roma oferece uma solução óbvia. O Ocidente está perdendo sua identidade em uma maré de migração estrangeira, especialmente muçulmana; ele deve aumentar suas defesas e reafirmar os principais valores culturais, ou está destinado a trilhar o mesmo caminho para o armagedom imperial. No entanto, a história romana, como é compreendida no século XXI, oferece algumas lições surpreendentemente diferentes para o Ocidente moderno.

ROMA, 399 D.C.

Dezesseis séculos — quase exatamente no mesmo dia — antes da celebração panglossiana das possibilidades sem fim de Bill Clinton, um porta-voz imperial estava diante do Senado de Roma para proferir um discurso sobre o Estado da União para a metade ocidental do mundo romano. Era 1º de janeiro de 399: o dia da posse do mais recente de uma linhagem inalterada e milenar de cônsules, os mais prestigiados oficiais do mundo romano, que tinham a vida eterna garantida pelo ano que recebia seus nomes. O feliz candidato daquele ano à imortalidade foi Flávio Málio Teodoro, advogado e filósofo com um histórico de competência administrativa, e o discurso foi triunfal, anunciando o início de uma nova Era Dourada. Depois de um aceno rápido e lisonjeiro para o público — "é esta assembleia que me dá a medida do universo; aqui vejo a reunião de todo o brilho do mundo" (um elogio que talvez nem o mais ousado marqueteiro político moderno tentasse fazer) —, o porta-voz, um poeta chamado Claudiano, foi direto ao ponto.

Seu discurso teve dois temas. Primeiro: a sagacidade da administração que convocou um homem como Teodoro para o cargo. "Sob tal imperador, quem poderia recusar? Foi o mérito, alguma vez, mais generosamente recompensado? Alguma era já produziu um igual, em prudência ou bravura? Até Brutus (inimigo de Júlio César) ficaria feliz em viver sob tal imperador." Segundo: a prosperidade que estava, então, conectada ao império. "O caminho da glória está aberto aos sábios; o mérito tem certeza do seu reconhecimento; a diligência recebe suas devidas recompensas."

À primeira vista, o discurso parece o pior tipo de bobagem autocongratulatória, favorecida por regimes falidos ao longo da história. O então imperador ocidental, Honório, era um menino de 15 anos de idade, enquanto o verdadeiro governante era um general chamado Estilicão: homem forte do exército, de recente ascendência bárbara, cercado por um círculo de oficiais que mal podiam esperar — literalmente — para enterrar suas adagas nas costas dele.[2] Menos de uma década depois, a cidade de Roma seria saqueada por um grupo de guerreiros bárbaros, imigrantes recentes no mundo romano, sob a liderança do seu próprio rei gótico, chamado Alarico. O colapso final do reino de Honório ocorreu dentro de algumas gerações: o Ocidente romano foi dividido entre uma série de monarcas bárbaros, com os descendentes góticos de Alarico governando grande parte da Espanha e do sul da Gália, reis da Borgonha no sudeste da Gália, reis francos ao norte, vândalos no Norte da África e tropas anglo-saxônicas avançando ao norte do Canal da Mancha. Foram todos — cônsul, imperador, porta-voz e Senado —, certamente, participantes de uma cerimônia coletiva de autoengano deliberado? Gibbon pensava que sim. Segundo ele, em 399 Roma já havia declinado há muito tempo da Era Dourada econômica, cultural e política dos imperadores antoninos no século II d.C., e a sua queda estava bem próxima.

Sucessivas gerações de historiadores desenvolveram o modelo de Gibbon, até que, em meados do século XX, uma checklist do declínio foi feita, esclarecendo as histórias. Em primeiro lugar, havia o *agri deserti*, "campos desertos", referido nas leis imperiais do século IV. O campesinato do Império representava de 85% a 90% da população total. No que era esmagadoramente um mundo agrícola, os campos desertos claramente indicavam desastres econômicos, causados por um regime tributário punitivo, que foi periodicamente criticado nos escritos contemporâneos. Em segundo lugar, a deterioração atingiu o topo. Na Era Dourada de Gibbon, as classes média e alta romanas costumavam registrar as realizações de suas vidas em inscrições datadas em pedra. Essas tábuas comemoraram suas honras, cargos e muitos presentes, geralmente de edifícios e outras comodidades, concedidos a suas comunidades urbanas locais (a virtude cívica sendo altamente valorizada no mundo romano). Mas, graças a dois projetos monumentais do século XIX para coletar e publicar todas as inscrições conhecidas em latim e grego, um ponto relevante e abrangente rapidamente ficou claro. Em meados do terceiro século d.C., a frequência anual dessas inscrições de repente caiu para cerca de um quinto de sua média anterior. Essa queda drástica na autocongratulação das classes mais ricas do mundo romano, assim como os campos desertos, indicava fortemente uma implosão econômica. Em terceiro lugar, um exame atento dos papiros egípcios e das moedas imperiais sobreviventes da mesma época reforçou tal ponto. Na segunda metade do século III, a população do Império teve que lidar com uma explosão de hiperinflação, não muito aquém das taxas observadas na Alemanha após a Primeira Guerra Mundial, alimentada por desvalorizações progressivas do denário de prata. A degradação, a hiperinflação, a perda de confiança entre as classes altas e os campos não lavrados revelam uma conclusão óbvia. Um século antes da posse de Teodoro, o Império já era uma ruína econômica, e a ascensão do cristianismo apenas adicionou um quarto elemento ao caos.

Gibbon também iniciou uma linha de pensamento que observou a nova religião do Império como um acontecimento profundamente negativo. O clero cristão e os ascetas, segundo ele, totalizaram milhares de “bocas ociosas”, cuja dependência minou a vitalidade econômica do Império. Ele também argumentou que a mensagem de amor do cristianismo — “dê a outra face” — minou as virtudes cívicas marciais que haviam tornado o Império Romano grande, e ele desgostava totalmente da propensão dos líderes cristãos — em forte contraste com os ensinamentos de seus fundadores — de discutir entre si, o que prejudicou a antiga unidade do propósito imperial. Como resultado, o consenso histórico geral na primeira metade do século XX foi que, em 399, todo o sistema de crenças romano se mantinha fragilmente por uma burocracia totalitária e inchada, apoiada por uma economia de comando centralizado que mal conseguia manter seus soldados restantes alimentados. A geração de estudiosos que chegou à maturidade após a Primeira Guerra Mundial não apenas observou o caos da hiperinflação de Weimar em primeira mão, mas também foi confrontada com os exemplos totalitários da Rússia bolchevique e da Alemanha nazista.

Com tantos erros no fim do Império, só faltavam, de acordo com essa visão amplamente compartilhada do passado romano, alguns invasores bárbaros, e a ruína degradada do império desmoronaria, como de fato ocorreu, apenas algumas décadas após o consulado de Teodoro supostamente inaugurar uma nova Era Dourada.

A narrativa de deterioração moral e econômica no centro imperial — colocando a responsabilidade pelo fim do império diretamente nos ombros dos líderes de Roma — teve um impacto contemporâneo inegável. Não apenas popular entre alguns comentaristas conservadores ocidentais, ela também pode ser encontrada nas ciências sociais, criando linhas de pensamento contemporâneo influentes no campo das relações internacionais. Ela até se infiltrou periodicamente na Casa Branca. O antigo guru de Donald Trump, Steve Bannon, citava Gibbon regularmente, ao argumentar que o abandono da tradição religiosa causou a decadência da América, uma visão de mundo que foi mencionada explicitamente no discurso de posse do novo presidente, em que ele caracterizou o estado atual do país como uma "carnificina norte-americana". Robert Kaplan, autor e pensador que moldou profundamente a política externa de Bill Clinton, também escreveu brilhantemente sobre as ideias que ele havia obtido ao ler Gibbon, citando sua influência nas próprias previsões de Kaplan de uma "anarquia vindoura" na periferia global. Na teoria econômica, da mesma forma, Daron Acemoglu e James Robinson argumentaram, em *Por que as Nações Fracassam,* que as instituições liberais prepararam o cenário para o triunfo econômico do Ocidente moderno, enquanto as autocráticas tornaram o declínio inevitável. Como apoio à sua teoria, Acemoglu e Robinson citaram Gibbon em tom de aprovação, ao argumentar que Roma selou seu destino no dia em que deixou de ser uma república e iniciou a longa, mas inexorável, jornada em direção ao colapso imperial.

Não é de surpreender que o *Declínio e Queda* de Gibbon tenha ganhado impulso especial na América. Desde a época do nascimento da República, os intelectuais norte-americanos costumavam ver-se como herdeiros de Roma, lendo frequentemente sua história imperial como um guia para o futuro. Uma indústria inteira foi construída com o uso de diferentes elementos do modelo de declínio interno de Gibbon. De acordo com suas próprias agendas, alguns comentaristas estão mais interessados em fracassos econômicos, e outros em decadência moral, mas a ênfase está consistentemente em fatores internos como os responsáveis fundamentais pelo colapso imperial. É uma ótima história, contada de uma bela forma: Gibbon ainda é lido por muitos apenas por sua prosa. Ele também tem a virtude de ser antigo. Como qualquer professor lhe dirá, é quase impossível mudar a primeira ideia que se estabelece firmemente nas mentes da maioria dos estudantes. Mas a mudança deve acontecer. Nos últimos 50 anos, um passado romano diferente entrou em foco.

ESCAVAÇÕES E CERÂMICAS

Na década de 1950, um arqueólogo francês fez uma descoberta surpreendente em uma pequena região do norte da Síria. Ele descobriu os restos mortais de alguns camponeses romanos prósperos, que haviam se espalhado amplamente pelas colinas de calcário entre o quarto e o sexto século d.C. O material de construção, natural nessa região, era sua pedra nativa, o que significa que as casas dos camponeses, várias com inscrições datadas, ainda estavam de pé. Em qualquer outro lugar do Império, camponeses construíram em madeira ou tijolo de argila, que não deixam traços na superfície, então essa foi uma descoberta única. De acordo com o modelo gibboniano padrão, os camponeses romanos abastados não deveriam estar lá. A taxação excessiva não os estaria deixando fora dos negócios e, seus campos desertos, não deixando espaço para esse tipo de prosperidade rural?

Na mesma década, os historiadores culturais também começavam a explorar algumas abordagens que enfraqueceram grande parte das acusações de Gibbon contra a religião cristã. Algumas delas nunca foram mais do que uma brincadeira astuta. Considerando a história geral do cristianismo como uma religião organizada a partir do imperador Constantino — que abrange as Cruzadas, a Inquisição e conversões forçadas —, a ideia de que ele poderia ter minado o imperialismo romano, incentivando muito o pacifismo, foi o senso de humor de Gibbon em ação. Uma investigação mais detalhada e equilibrada a partir da década de 1950 também deixou claro que o cristianismo não prejudicou tanto a unidade cultural clássica, mas sim a levou em novas direções empolgantes. O cristianismo, à medida que evoluiu nos séculos IV e V, foi uma síntese vigorosa e inovadora de elementos culturais bíblicos e clássicos, e os problemas representados pela divisão religiosa foram exagerados. Na prática e na teoria, os imperadores rapidamente passaram a atuar como líderes de uma estrutura eclesiástica, que fez um bom trabalho ao promover um novo tipo de unidade cultural em toda a vasta extensão do governo imperial. O argumento de "bocas ociosas" em relação ao clero cristão tampouco é muito convincente. Os altos cargos cristãos logo passaram a ser ocupados pela nobreza romana provincial, que liderou os cultos da Igreja e sustentou a ordem social e política existente, enquanto, em um sentido geral, não era nem mais nem menos "ociosa" do que fora a elite latifundiária romana. Na prática, clérigos de todos os tipos operaram amplamente como funcionários do Estado, não como representantes subversivos de uma cultura hostil.

A imagem do último governo romano de um Estado autoritário fracassado foi prejudicada da mesma forma diante de novos conhecimentos. Em 1964, um ex-funcionário público britânico que se tornara professor de história antiga — A. H. M. Jones —, publicou uma análise exaustiva das operações do Império Romano, que expôs falhas substanciais na antiga ortodoxia. A burocracia imperial se expandiu no século IV, mas, em termos comparativos, permaneceu pequena demais para exercer um controle rígido sobre a vasta extensão do mundo romano, que em sua mais longa diagonal estendeu-se da Escócia até o Iraque. De fato, nem o centro imperial foi encarregado do processo. Como veremos no Capítulo 2, foram as próprias elites romanas provinciais que impulsionaram a ampliação burocrática ao exigir novos cargos em suas estruturas. O que à primeira vista parece uma expansão governamental autoritária é, na verdade, a realocação de suas lutas tradicionais pelas classes dominantes existentes do Império, para favorecer e influenciar um novo contexto sociopolítico. Certamente não foi um desenvolvimento insignificante, mas nem algo que anunciasse o fim do sistema imperial de qualquer maneira óbvia. Essas foram revisões substanciais do antigo paradigma do declínio romano, mas elas permaneceram vislumbres isolados de uma história romana alternativa. Na década de 1970, uma nova descoberta revolucionária reuniu essas observações individuais em uma mudança fundamental de paradigma, a qual traz um testemunho impressionante da onipresente imperícia do ser humano.

A cerâmica quebrada tem duas características importantes. Uma vez quebrada, ela é mais ou menos inútil; mas os seus fragmentos perduram. Como resultado, as louças quebradas tendem a ficar onde foram largadas, dando-nos um mapa das casas e aldeias de seus proprietários originais, muito tempo depois que a madeira apodreceu e os tijolos retornaram ao pó. Foram necessários dois avanços técnicos, no entanto, antes que a inabilidade humana pudesse desbloquear completamente a macro-história do desenvolvimento econômico romano. Em primeiro lugar, os fragmentos tiveram que ser datados. Há muito se sabe que o *design* dos aparelhos de jantar romanos ("porcelanas finas", no jargão dos arqueólogos) e de frascos de armazenamento (ânforas) mudaram com o tempo, mas os pesquisadores tiveram que encontrar o suficiente deles em sítios, os quais poderiam ser datados, para construir uma imagem cronologicamente precisa de sua evolução. Em segundo lugar, eles tiveram que ser capazes de reconhecer qual densidade da cerâmica na superfície indicava que um assentamento antigo estava escondido sob o solo. Na década de 1970, ambos os problemas haviam sido resolvidos graças a escavações modernas, que alcançam o subsolo de forma profunda o suficiente para trazer materiais, há muito tempo soterrados, de volta à superfície.

O que se seguiu mostra que a verdadeira arqueologia é geralmente muito menos divertida do que a praticada por Indiana Jones. Nos vinte anos seguintes, pequenos exércitos de estudantes e professores alinharam-se em antigos sítios romanos para recolher todos os pedaços de cerâmica quebrada que encontravam no espaço de um metro quadrado a sua frente. Tudo foi colocado em sacos plásticos rotulados. Eles avançavam um metro e repetiam o processo. E assim continuamente, até que tivessem coberto toda a sua região alvo, ou até o término da estação. Os invernos foram gastos analisando o conteúdo dos sacos. Não é de surpreender que pesquisas rurais em larga escala possam levar uma década ou mais para serem concluídas. Mas os arqueólogos são muito pacientes, e as décadas de 1970 e 1980 estavam cheias deles, com sacos nas mãos pesquisando extensões amplas do antigo mundo romano.

O processo pode ter sido monótono, mas os resultados foram espetaculares. O Império Romano era um lugar imenso. Parece enorme no mapa, mas você também deve levar em consideração que tudo na antiguidade se movia cerca de vinte vezes mais devagar — pelo menos por terra: a pé, em carroças ou a cavalo — do que agora. A verdadeira medida de distância é quanto tempo uma pessoa real leva para ir do ponto A ao ponto B, não uma unidade de medida arbitrária, de modo que as diferentes localidades do Império Romano estavam vinte vezes mais distantes na prática do que parecem ao olho nu moderno, e todo o Império era, na verdade, vinte vezes mais vasto. Mas, apesar desse tamanho extraordinário, quando os resultados chegaram, assentamentos rurais em praticamente todo o mundo romano, e não apenas nas colinas de calcário do norte da Síria, mostraram estar em seu ápice no século IV, bem às vésperas de seu colapso político. O sul da Bretanha, norte e sul da Gália, Espanha, norte da África, Grécia, Turquia e Oriente Médio, ao contrário das expectativas, produziram resultados semelhantes. As densidades populacionais rurais e, consequentemente, a produção agrícola geral, atingiram níveis máximos no período imperial tardio. E como Roma era predominantemente uma economia agrícola, não há a menor dúvida de que o produto imperial bruto — a produção econômica total do mundo romano — atingiu picos mais altos no século IV do que em qualquer ponto anterior de toda a história romana.

Essa é uma descoberta impressionante. Um conjunto de dados enorme e em constante expansão — o número de fragmentos de cerâmica enterrados na terra é incalculável — demonstrou que a trajetória do desenvolvimento macroeconômico romano era exatamente o oposto do que a narrativa do declínio supôs. Como resultado, essa imensa quantidade acumulada de novas evidências fez com que a lista de verificação na qual a antiga ortodoxia havia sido baseada, muito mais limitada, fosse repensada.

Agri deserti, em uma inspeção mais detalhada, é um termo técnico para terras que não eram produtivas o suficiente a ponto de serem taxadas. Fundamentalmente, isso não implicava a necessidade de que os campos em questão *houvessem sido* cultivados. O fim das inscrições em pedra é um fenômeno histórico mais importante, mas novamente, em uma reflexão aprofundada, não é uma medida clara de declínio econômico. Até meados do século III, as classes altas do Império local passavam seu tempo competindo pelo domínio em suas cidades natais, onde tinham consideráveis orçamentos do conselho para gastar. A concessão de presentes registrada nessas inscrições foi uma arma essencial na competição política. Mas em meados do século, o centro imperial confiscou esses orçamentos (por razões às quais retornaremos), e todo o motivo da concorrência política local desapareceu. A novidade na cidade — para os ambiciosos latifundiários provinciais — passou a ser a união com a burocracia imperial em rápida expansão, que agora controlava o dinheiro. Os latifundiários provinciais refizeram suas vidas com dispendiosa educação jurídica — conforme nosso advogado, que se tornou o cônsul de 399, Teodoro —, substituindo a generosidade local como o caminho para o sucesso. Nesse novo ambiente havia muito menos incentivo para registrar sua generosidade através da encomenda de inscrições caras. Quanto à tributação, um ponto básico a se lembrar é que uma investigação histórica comparativa e intensiva nunca conseguiu identificar uma sociedade humana que se considerasse insuficientemente tributada. As queixas dos contribuintes romanos tardios não são particularmente sustentadas, e as novas evidências arqueológicas sobre a prosperidade rural deixam claro que eles não poderiam estar sofrendo sob um regime fiscal muito punitivo. A hiperinflação foi real o suficiente, mas seu impacto era mais limitado do que se pensava anteriormente. O que inflou foi o preço (de absolutamente tudo), conforme medido em moedas de prata desvalorizadas. Mas a maior parte da riqueza dos latifundiários romanos era formada por reservas de metais preciosos puros e, acima de tudo, por suas terras e seus produtos agrícolas. Nada disso foi afetado pelas desvalorizações sucessivas das moedas de prata, de modo que, diferentemente da Alemanha de Weimar, a hiperinflação romana deixou a verdadeira riqueza das elites imperiais latifundiárias intocadas.

O que costumava ser considerada uma evidência clara do declínio econômico não é mais. Gibbon estava errado. O Império Romano não enfrentou uma longa e lenta deterioração a partir da Era Dourada do século II, até que sua queda se tornou inevitável no século V.[3] A prosperidade imperial atingiu o ápice na véspera do colapso. O porta-voz de 399 d.C., embora certamente tenha servido a interesses próprios e do regime que o empregava, não foi estúpido nem criminalmente ambíguo ao proclamar uma nova Era Dourada. No final do século IV, a famosa *Pax Romana* — a fase de ampla estabilidade política e legislativa, criada pelas conquistas das legiões — havia durado quase meio milênio, criando as condições macroeconômicas que permitiram às províncias do império aumentar sua prosperidade por séculos.

Essa revolução na compreensão do final do Império Romano tem algumas implicações potencialmente importantes, se considerarmos o impressionante contraste entre o extravagante triunfalismo ocidental dos anos 1990 e a atmosfera atual de pessimismo e desalento. A primeira lição da história romana é clara: o colapso imperial não precisa ser precedido por um declínio econômico de longo prazo. O Império Romano foi o maior e mais antigo Estado que a Eurásia Ocidental já conheceu, mas metade dele desmoronou e desapareceu após algumas décadas do seu ápice econômico. Por si só, essa pode ser uma coincidência aleatória. No entanto, a exploração mais profunda das histórias a longo prazo de Roma e do Ocidente moderno sugere que é tudo, menos isso.

2
Império e Enriquecimento

Em 371, um poeta cristão chamado Décimo Magno Ausônio, originário da cidade hoje conhecida como Bordeaux, dedicou 483 hexâmetros datílicos para proclamar as glórias de uma região no extremo noroeste do mundo romano: o vale do rio Moselle, na atual Alemanha, e que deságua no rio Reno. O que atraiu sua atenção foi a riqueza agrícola bem cuidada da região e a cultura humana que cresceu em torno dela:

> Os telhados das casas de campo, empoleiradas no alto das margens do rio, as encostas verdes com trepadeiras e o agradável fluxo do Moselle deslizando abaixo com murmúrios contidos.

Enquanto se apega ao seu tema, Ausônio discorre longamente sobre os muitos peixes deliciosos do rio (seus nomes são uma grande oportunidade para ele mostrar seu domínio da métrica latina), os simples prazeres da vida camponesa e a grandeza das mansões das regiões:

> Quem tem a habilidade de desdobrar os inúmeros enfeites e formas, exibir as belezas arquitetônicas de cada propriedade?

O *Mosella* pertence a um antigo gênero literário latino — a *ekphrasis*, ou descrição estendida —, mas tem um subtexto radical. O argumento de Ausônio é que a vida romana ao longo das margens do rio é tão rica que nem o Tibre (usado como metáfora para a cidade de

Roma) "ousaria impor suas glórias acima das tuas". No final, de forma bem humorada, Ausônio desfaz seu argumento para não ser acusado de arrogância, mas o resto do poema deixa claro para o público onde se encontram seus reais sentimentos. E, embora possamos ser tentados a rejeitar a reivindicação de Ausônio como licença poética desenfreada, ela realmente provoca uma reação com o fato incomum mais notável que emerge dos cacos de cerâmica.

RIQUEZA MÓVEL

Embora o Império como um todo estivesse desfrutando um século IV dourado — incluindo o precioso vale de Moselle de Ausônio, que era de fato o lar de muitas vilas antigas e ricas de Roma —, as pesquisas de cerâmica identificaram algumas áreas específicas de declínio. Duas são facilmente explicadas. O assentamento rural no norte da Grã-Bretanha e na Bélgica nunca se recuperou de ataques bárbaros intensos que afetaram essa região no século III (abordaremos mais sobre o assunto posteriormente). No entanto, os resultados das regiões centrais do Império Italiano são muito mais intrigantes. A Itália não sofreu tanto quanto no terceiro século, mas os assentamentos e a produção agrícola atingiram o ápice nos 200 anos antes e depois do nascimento de Cristo, para então cair a níveis estáveis, porém significativamente mais baixos, nos séculos III e IV d.C.. Por que o centro imperial original se contraiu, quando as regiões mais distantes de seu império estavam em expansão? A solução começa a surgir quando avançamos mil anos e analisamos a ascensão do que acabaria por se tornar o Ocidente moderno.

No início do segundo milênio d.C., o que se tornaria o Ocidente moderno era tudo, menos uma potência econômica. Alguns vikings haviam atravessado o Atlântico, mas naquele momento a América do Norte não desempenhava um papel significativo em redes econômicas e políticas europeias mais amplas. Os exércitos muçulmanos do norte da África e do Oriente Médio governaram o sul da Espanha e reduziram Constantinopla a um pequeno Estado remanescente, privando-a da maioria de seus territórios ao sul e leste do interior do Mediterrâneo. Espremida no meio estava uma região empobrecida do globo, tecnologicamente atrasada, politicamente fragmentada e dominada por doenças.

No entanto, durante o próximo milênio, essa pequena região rústica se expandiria para dominar o planeta.

O fato que iniciou uma reviravolta tão drástica é ainda muito questionado. Fatores políticos tinham algo a ver com isso. Os Estados europeus não eram muito poderosos nem muito fracos, de modo que os empreendedores desfrutavam da liberdade e da estabilidade necessárias para se aventurarem em empreendimentos arriscados. O ambiente natural também ajudou. A Europa possuía uma abundância de espécies de animais domésticos (uma forma precoce de capital), muitas hidrovias para navegação barata e uma paisagem variada que produzia uma ampla gama de culturas, o que incentivava e facilitava o escambo. A cultura também pode ter desempenhado algum papel. Aos olhos de alguns analistas, a ênfase do cristianismo ocidental no casamento consensual produziu famílias nucleares, que tinham incentivos para poupar, enquanto sua moralidade universalista e economia baseada na confiança facilitavam contratos com estrangeiros, auxiliando materialmente o comércio de longa distância. Para outros, o surgimento de um conceito legal de propriedade privada totalmente desenvolvido, produto das universidades medievais da Europa (com o precedente romano), foi central no processo.

No entanto, há pouca discordância sobre o que aconteceu a seguir. Os avanços tecnológicos na Idade Média, como a adoção de arados pesados o suficiente para tirar o melhor proveito de solos de argila e de esquemas de rotação de culturas mais sofisticados, geraram maiores superavits agrícolas. Isso levou a um aumento no consumo de luxo entre as elites europeias, seu gosto por açúcar, especiarias e roupas de seda orientais mais impulsionado pela experiência das cruzadas. Em troca, a economia em desenvolvimento da Europa começou a produzir tecidos de lã mais refinados, que encontraram um mercado preparado no Oriente. Esse crescente comércio de longa distância, por sua vez, sustentou uma rede numerosa de mercados e feiras.

Os primeiros e mais significativos deles estavam no centro e no norte da Itália, onde a geografia — particularmente o fácil acesso ao Mediterrâneo para o comércio de longa distância — conspirou com a relativa fraqueza das elites proprietárias de terra para tornar os comerciantes ricos o suficiente para dominar agendas políticas em suas comunidades locais. As cidades-estados resultantes construíram a infraestrutura social, política e jurídica que ajudou o comércio a se expandir ainda mais: mercados de crédito e financeiros, mecanismos de cumprimento de contratos, vias marítimas seguras e acordos de comércio exterior. Ocupando as estradas da Europa e do Oriente, os comerciantes italianos controlavam amplamente o escambo de exportações europeias (especialmente de tecido e trigo) por mercadorias do Oriente. A partir do século XI, essas cidades-estados italianas, com Florença, Veneza e Gênova na liderança, emergiram para dominar o comércio europeu.

Mas a prosperidade desse núcleo italiano inicial rapidamente promoveu o desenvolvimento em outros lugares. Embora as cidades-estados italianas vendessem roupas europeias para o Oriente, os melhores produtos vinham dos Países Baixos, que por sua vez importavam grande parte de sua lã crua da Inglaterra. Seguindo as redes comerciais italianas, entretanto, as economias do norte da Europa começaram a se expandir e diversificar. Algumas cidades do norte, particularmente em Flandres, onde as fábricas têxteis apareceram desde os séculos XII e XIII, começaram a rivalizar com seus colegas italianos pelos centros de negociação e comércio dos anos 1400 e 1500. De maneira mais ampla, os enormes lucros obtidos pelas cidades-estados italianas a partir do comércio oriental incentivaram outros governos europeus a entrar em ação. Em vez de contestar o domínio italiano no Mediterrâneo Oriental, os Estados atlânticos optaram por ir para o Ocidente, a fim de encontrar uma rota marítima alternativa para a Ásia. Liderados pelos portugueses e espanhóis, os europeus melhoraram suas tecnologias de navegação e construção de navios, a ponto de poder levá-los para alto-mar. Encontrando acidentalmente as Américas no caminho, eles não previram como essas (para eles) novas terras transformariam a própria Europa e, por muitas décadas, o comércio europeu permaneceu centrado no Oriente, através do Mediterrâneo. A longo prazo, no entanto, quando a prata e o ouro norte-americanos começaram a inflar os tesouros da Espanha e de Portugal, e os comerciantes do norte da Europa abriram novas rotas marítimas para o Oriente, o foco do capitalismo europeu se afastou da Itália em direção a suas fronteiras externas.

No entanto, abarrotados com as riquezas norte-americanas, os Impérios espanhóis e portugueses tendiam a importar produtos manufaturados de luxo das regiões industriais europeias existentes e a bancar seus superavits em outras localidades (principalmente na Alemanha), em vez de transformar suas próprias economias. Isso provocou uma expansão maior no norte. A demanda por produtos têxteis ingleses, em particular, acabou gerando uma imensa revolução econômica ao norte do Canal, principalmente porque o parlamento inglês tinha o poder de alterar as regras de posse de terra. Proprietários de olho em novas oportunidades requisitaram a anexação de suas terras, despejando o campesinato para que criasse ovelhas para uma indústria têxtil crescente. À medida que os donos de terras ficavam ricos e criavam novas fontes de capital para investimentos, os cercamentos também produziram uma geração de trabalhadores sem terra desesperados por trabalho, disponibilizando ao crescente setor industrial uma oferta abundante de mão de obra barata, mais cedo do que em qualquer país rival da Grã-Bretanha. No final do século XVIII, as oficinas de artesanato haviam se espalhado pela zona rural britânica para aproveitar essa mudança de cenário. Ao mesmo tempo, os holandeses e britânicos, junto aos franceses, haviam alcançado — e ultrapassado — os Estados ibéricos na construção de frotas que poderiam conseguir ativos no exterior.

Com o crescimento de seu setor de manufatura gerando um apetite insaciável por matérias-primas, a Grã-Bretanha explorou de maneira agressiva suas propriedades coloniais, a mais importante das quais rapidamente passou a ser a América do Norte. E, embora os Estados Unidos tenham se separado da Grã-Bretanha politicamente, continuaram a desempenhar um papel fundamental como fornecedores e comerciantes para bens industriais britânicos, e seu algodão se tornou ainda mais importante para a crescente indústria de tecidos da Grã-Bretanha, superando a Índia. No século XIX, esse setor havia se transferido substancialmente para cidades da Grã-Bretanha, onde a mão de obra abundante permitia que os empresários administrassem fábricas muito maiores, com exércitos de operários trabalhando no novo maquinário que era inventado em um ritmo muito rápido. E, à medida que o século XIX passava, os EUA se juntaram a outros rivais europeus da Grã-Bretanha — sobretudo França e Alemanha —, ao usar a política do governo para nutrir o desenvolvimento de suas próprias indústrias de manufatura, em vez de deixá-lo para o mercado livre, como a Grã-Bretanha havia feito.

No final do século, a maioria da população da Grã-Bretanha já vivia nas cidades, em comparação à França, com apenas cerca de um quarto. Nesse ponto, no entanto, a Grã-Bretanha já estava sendo superada por seus ex-súditos norte-americanos que, ao expulsar os ocupantes indígenas das terras, disponibilizaram vastos territórios ocidentais para assentamentos. Portanto, os Estados Unidos acolheram uma imigração maciça ao longo do século XIX e início do século XX, e dobrou sua população em intervalos de poucos anos: uma taxa de expansão que nenhum rival europeu poderia igualar. Isso não apenas levou a grandes aumentos na produção, mas também gerou novos mercados, enormes, para o crescente setor industrial do país. Diante da exploração em larga escala e dos protestos resultantes, os salários começaram a subir. Mas, enquanto os Estados Unidos viam, naquele momento, o mesmo tipo de tumulto e agitação socialista que se espalhou pelas cidades europeias, o país tinha uma importante válvula de escape, que continha os custos de mão de obra. Os descontentes poderiam tentar a sorte no oeste, e novos trabalhadores sempre poderiam substituí-los no átrio da Ilha Ellis, a porta de entrada para os Estados Unidos. Como resultado desse crescimento contínuo, no final do século XIX os EUA haviam superado a Grã-Bretanha na produção econômica total, e entraram em sua Era Dourada.

O milênio de evolução econômica no hemisfério ocidental foi pontuado por mudanças periódicas no epicentro geográfico da prosperidade máxima. O crescimento do capitalismo impulsionou uma demanda incessante por novos mercados, novos produtos e novas fontes de suprimento, que empurrou constantemente sua localização para fora de seu coração original, no norte da Itália. Uma lógica direta — com base na disponibilidade de mão de obra e matérias-primas — ditou surpreendentes níveis gerais de crescimento econômico em todo o Ocidente emergente no final da era medieval e na era moderna. Primeiro o norte da Itália, depois Espanha, Portugal, Holanda, França e Grã-Bretanha, e, finalmente, os Estados Unidos alcançaram o domínio econômico, à medida que novas oportunidades interagiam com o surgimento de mais fontes de matérias-primas e mão de obra, para permitir que cada um, por sua vez, dominasse as valiosas negociações de exportação. A cada transição — mesmo quando a melhoria nos transportes facilitou o surgimento de novas redes comerciais —, a maior parte da produção local era consumida ali mesmo, ou no máximo em âmbito regional.[4] No entanto, a variável crucial que realmente mudou o epicentro da prosperidade foi a riqueza extra, criada pelas negociações de exportação em diferentes épocas.

Se retornarmos a Roma, a ascensão do Ocidente moderno ajuda a explicar o declínio inicialmente misterioso das regiões centrais do Império italiano. Aqui também a lógica econômica direta impôs uma transformação no domínio econômico e afastou-o do centro imperial original. Nesse caso, a produção industrial não desempenhou quase nenhum papel nas mudanças dos padrões de prosperidade dentro das fronteiras do Império, cuja natureza econômica permaneceu esmagadoramente agrícola. Nos primeiros séculos a.C. e d.C., as indústrias de vinho e azeite italianas, e também, até certa medida, a cerâmica, e possivelmente a de grãos — embora isso seja arqueologicamente invisível — exportaram seus produtos em grandes quantidades, em especial para os territórios europeus recém-adquiridos por Roma. Com o tempo, os recursos agrícolas do restante do Império, nas condições macroeconômicas criadas pela *Pax Romana*, se desenvolveram de maneira muito mais ampla e eclipsaram o domínio italiano inicial, principalmente porque a tecnologia de transporte era muito limitada e cara. Com as carroças se movendo no máximo a 40 km/dia, podia levar semanas para transportar mercadorias entre as províncias do Império por terra: muito longe dos trens e navios que uniriam os impérios modernos. Não apenas isso, mas o preço de uma carroça de trigo, conforme relatado no decreto de Diocleciano em 300 d.C., *Édito Máximo*, dobrava a cada 80 quilômetros percorridos: um aumento impulsionado pela necessidade de alimentar os bois e pagar uma infinidade de pedágios internos. Nesse contexto, quando as terras conquistadas começaram sua própria produção intensiva, os artigos locais e, portanto, inerentemente mais baratos, passaram a substituir as importações italianas.

No final do período imperial, o comércio de longa distância prevaleceu apenas quando um item não podia ser produzido localmente (vinho e azeite, por exemplo, em paisagens não mediterrâneas), ou se demandasse um preço elevadíssimo (tipos raros de mármore ou safras caras, em comparação a colheitas comuns ou de vinhas locais). A outra exceção era em relação a mercadorias que podiam aproveitar as estruturas de transporte que o Estado subsidiava para seus próprios propósitos, principalmente para alimentar as grandes capitais imperiais ou para suprimentos militares (os proprietários de navios que transportavam grãos, vinhos e azeite através do Mediterrâneo, a pedido do Estado, pareciam estar em jornada dupla, levando outros bens em seus porões). Mas essas intervenções eram poucas, e a lógica dos custos de transporte há muito impulsionavam o desenvolvimento provincial romano às custas das antigas regiões centrais da Itália. A pujante cidade de Roma havia se tornado um vasto importador de vinho, azeite e outros produtos da Espanha, do norte da África e de todo o Mediterrâneo.[5]

PROVINCIAIS

Por trás dessas mudanças macroeconômicas — e impulsionando-as ainda mais — estão milhões de histórias. A de Ausônio foi uma delas. Ele não era o mesmo do vale de Moselle, com um tom de orgulho gálico local insinuante no início de seu poema:

> Toda a perspectiva graciosa (do vale de Moselle) me fez contemplar uma imagem de minha própria terra natal, a região graciosa e bem cuidada de Bordeaux. [ll. 18–19]

As raízes mais profundas de sua família estão perdidas para nós, mas elas pertenciam à tribo dos bitúriges, que originalmente foi subjugada por Júlio César, quatro séculos antes de Ausônio chegar a Trier, no vale de Moselle. Outrora a fortaleza celta de Burgidala, Bordeaux foi refundada, após a conquista, como uma cidade romana, seu conselho retirado da nobreza tribal local, que acabou adquirindo todas as características necessárias da cultura imperial — aprendeu latim, construiu vilas, termas e templos —, e usou cargos oficiais locais como um caminho para a cidadania romana. O pai de Ausônio emergiu desse pano de fundo para se tornar um proeminente professor universitário na nova capital imperial oriental de Constantinopla. O próprio Ausônio se formou no ensino universitário para se tornar tutor particular do filho do imperador e, na sucessão deste último, manteve alguns dos mais altos cargos de Estado, incluindo, por fim, o próprio consulado.

Essa história de sucesso familiar, ao longo de duas gerações, se desenrolou com base em uma prosperidade agrícola sólida e em desenvolvimento. A região de Bordeaux já era um centro de produção de vinho no período romano, enriquecendo graças à estabilidade política e econômica oferecida pela *Pax Romana*. A família combinou isso com um intenso envolvimento com os requisitos culturais de participação na vida pública romana, e com um olhar apurado para o melhor caminho para uma prosperidade ainda maior. No século IV, servir no conselho da cidade não era mais uma opção tão atraente porque, como vimos no primeiro capítulo, o império havia confiscado as receitas que os conselhos costumavam controlar. Era muito melhor, como ocorreu com Ausônio e o pai, envolver-se com o sistema imperial em desenvolvimento, em que todo o dinheiro e a influência agora estavam. Muitos dos colegas de Ausônio exigiram e receberam empregos em vários níveis na burocracia imperial em expansão; outros se tornaram advogados, como Teodoro, enquanto os Ausônios trilhavam um caminho bem estabelecido ao sucesso mundano, por meio da distinção cultural. No que diz respeito à elite romana, sua cultura compartilhada e distinta — baseada no estudo intensivo da linguagem e da literatura — foi o que a tornou uma sociedade civilizada e racional única, de modo que o aprendizado era uma carta poderosa no jogo de autopromoção.[6] Mas, em todos os casos, os lucros adquiridos por meio do envolvimento com as estruturas do Império eram reinvestidos em extensos portfólios de propriedades na região original. A carreira político-acadêmica de Ausônio na corte não foi exceção. Quando as coisas se complicaram, a terra foi o único investimento sólido na economia agrícola de Roma.

Uma coleção semelhante de histórias de sucesso individual levou à evolução do império ocidental moderno. Assim como as da antiga família Ausônio, as origens da importante família Vanderbilt são obscuras. No século XVII, quando as empresas comerciais europeias adquiriam avidamente colônias no exterior, a companhia holandesa das Índias Ocidentais foi fretada na Holanda. Um de seus primeiros empreendimentos foi estabelecer um posto comercial na extremidade sul da ilha de Manhattan, que se tornou a capital Nova Amsterdã. Para provisionar a fortaleza, agricultores foram importados da Holanda. Eles rapidamente descobriram que o solo era mais rico na comprida ilha a leste de Manhattan: Breuckelen (mais tarde anglicizado como Brooklyn).

Um desses agricultores era Jan Aertsen ("Filho de Aert"). Como ele veio da vila de Bilt, Utrecht, também era chamado de Vanderbilt ("de Bilt"). Na época de sua imigração, em 1640, o adolescente de 13 anos de idade, sem um centavo no bolso, foi contratado como aprendiz por um colono holandês durante 3 anos, depois formando sua própria fazenda. A partir de 1661, seu nome começou a aparecer nos registros escritos e, no final do século, a família estava bem estabelecida em Long Island. A essa altura, os britânicos haviam assumido a colônia e a renomearam "Nova York", mas os Vanderbilts se juntaram a muitos colonos holandeses para se adaptar alegremente ao novo regime. Eles aprenderam inglês para interagir com o novo governo e com um número crescente de colonos britânicos, mas, de certa forma, a vida continuou como antes. No final do século XVIII, a maioria das famílias holandesas ainda conduzia a maior parte de seus negócios e assuntos sociais em sua língua nativa.

De maneira flexível e pragmática, eles prontamente se ajustaram a outro novo regime, quando os Estados Unidos se declararam independentes, em 1776. À medida que a nova nação se tornava cada vez mais próspera, o comércio se expandiu, e o primeiro Cornelius Vanderbilt, tataraneto de Jan, com 12 anos de idade em 1776, começou a complementar sua renda agrícola com um pequeno barco que carregava produtos para a cidade. Seu filho homônimo, nascido em 1794, por fim abandonou a agricultura completamente e, com um pouco de dinheiro da família, comprou um barco um pouco maior para transportar mercadorias e pessoas de e para a cidade. Esse empreendimento foi tão bem-sucedido que ele logo adquiriu mais barcos e, quando a guerra eclodiu novamente entre a Grã-Bretanha e a América, em 1812, ainda mais embarcações foram necessárias para provisionar os portos costeiros da América. Expandindo depois para navios a vapor e, em seguida, para transatlânticos, o "Comodoro" finalmente se diversificou com ferrovias, em meados do século XIX, e prosperou imensamente quando o governo federal abriu o Ocidente para os assentamentos europeus. Enquanto as pradarias despejavam montanhas de grãos para os mercados europeus e milhões de europeus inundavam as fazendas, os impérios marítimo e ferroviário de Vanderbilt explodiram.

De várias maneiras importantes, as duas histórias de família têm pouca semelhança entre si. Ausônio conseguiu escalar a escada social em um momento de relativa estagnação econômica e tecnológica. Os padrões de produtividade dentro do sistema romano mudavam pouco de um ano para o outro, de modo que as oportunidades de avanço eram limitadas: fazer uma fortuna inicial a partir do vinho e de outros produtos agrícolas; usar esse montante de dinheiro para adquirir o capital cultural necessário para prosperar ainda mais nas redes sociais e políticas do Império, depois reinvestir os lucros em terras. Os Vanderbilts, por outro lado — em particular os dois Cornelius —, viveram em um dos períodos mais marcantes de revolução tecnológica e econômica já conhecidos, e a família pôde explorar totalmente novas possibilidades, à medida que o comércio e a produção mudavam em torno deles. Mas, em outro aspecto mais fundamental, as duas histórias realmente repetem o mesmo padrão básico: clãs provinciais ambiciosos aproveitando as oportunidades do Império para transformar as trajetórias de suas histórias familiares.

Em seus diferentes contextos, se não sempre com o mesmo grau colossal de sucesso, as histórias dos Vanderbilts e Ausônios foram replicadas milhões de vezes, à medida que os acontecimentos em suas respectivas histórias imperiais se desenrolavam. Da Grã-Bretanha à Síria, milhares de membros (geralmente) de elites locais pré-romanas existentes maximizavam sua posição para se tornarem cidadãos imperiais respeitáveis e prósperos, com uma quantidade considerável de veteranos legionários romanos e administradores italianos de segundo escalão lançados na crescente mistura da sociedade provincial. Evidentemente, era constante a crescente prosperidade dessas famílias, que impulsionava a ascensão econômica do que eram, originalmente, as áreas periféricas, e o obscurecimento relativo das antigas regiões centrais italianas do Império. Os limites do Império Romano se formavam onde as legiões paravam, e dentro daquela fronteira uma mistura de imigrantes e nativos romanizados construíam a prosperidade agrícola que apoiava o complexo imperial.

Da mesma forma, o império ocidental moderno foi criado pelos conquistadores e colonos que exploraram as novas oportunidades abertas por terras, mão de obra e recursos naturais recém-adquiridos. A vastidão da escala da migração moderna foi incomparável a qualquer coisa gerada pela ação do imperialismo romano. No auge, nas décadas que abrangem a virada do século XX, cerca de 55 milhões de europeus partiram para o

"Novo Mundo". Os fatores que atraem e afastam se encontraram nesse processo. A atração veio das terras que estavam sendo valorizadas pelos impérios europeus; o afastamento partiu de dentro da Europa, onde uma onda na oferta de mão de obra, combinada com a mudança tecnológica, forçou as pessoas a deixarem a terra.

Os avanços na tecnologia médica, em particular a disseminação da vacinação e as melhorias no saneamento público, levaram a aumentos surpreendentes na expectativa de vida ocidental, especialmente a partir de 1870, quando os níveis de mortalidade infantil começaram a cair drasticamente (ver p. 31). Na Alemanha, a taxa de mortalidade infantil era de 50% em meados do século XIX, antes de uma rápida queda nas décadas subsequentes, assim como a de outros países europeus, de um ponto de partida um pouco mais baixo, mas ainda assustador, de cerca de 30%. Mas enquanto mais crianças sobreviviam, o tamanho médio das famílias levou várias gerações para decrescer. Como resultado, um momento extraordinário na história demográfica viu os europeus aumentarem massivamente em proporção à população total do mundo. De um nível histórico de cerca de 15% da população — ao qual quase recuou desde então — na época da Primeira Guerra Mundial, uma em cada quatro pessoas no planeta era europeia. Na mesma época, melhorar a tecnologia agrícola, o que permitiu um cultivo mais intensivo da terra, também reduziu drasticamente a necessidade de mão de obra agrícola. Além disso, onde os padrões agrícolas tradicionais persistiram ao lado de novas fazendas maiores, como no sul da Europa, o tamanho médio das propriedades diminuiu cada vez mais, à medida que a terra era ainda mais subdividida a cada geração. Como resultado, mesmo aqueles que permaneceram na terra não podiam viver dela. A atração das colônias tornou-se irresistível para muitos.

O que, naquele ponto, eram países em relativa estagnação econômica, eram agora governos independentes de países como os Estados Unidos e o Canadá, ansiosos para acelerar o desenvolvimento, e não restringiram seus apelos às antigas regiões centrais do Império, recorrendo a quaisquer regiões europeias com ampla oferta de mão de obra, especialmente o sul e o leste da Europa. Alguns desses imigrantes, como os Oppenheimers, Carnegies, Rockefellers e Bronfmans, seguiram os Vanderbilts e começaram como colonos pobres, até construírem vastas fortunas. O efeito geral, no final do século XIX, foi que as famílias mais ricas do mundo não eram mais parte da realeza europeia ou industriais britânicos, mas sim novos magnatas que fizeram suas fortunas do outro lado do Atlântico. E, como os Ausônios na antiguidade, a maior dessas novas famílias frequentemente consolidava sua ascensão retornando em triunfo ao antigo centro imperial, casando-se com famílias nobres europeias (como os Vanderbilts fizeram) para adquirir a distinção de classe e complementar sua riqueza. Posto que as aristocracias da Europa, com sua riqueza baseada em grande parte na agricultura, enfrentavam frequentemente pelo menos um relativo declínio econômico, esse acordo foi adequado aos dois lados.

A maioria dos migrantes não adquiriu riqueza e status social em tal escala, e muitos outros tiveram um papel completamente involuntário no processo. Entre os séculos XVI e XIX, o comércio de escravos do Atlântico forçou cerca de 12 milhões de africanos a serem transportados, em navios, para plantações nas Américas, para cultivar açúcar e algodão. Um número desconhecido morreu muito antes de chegar lá.

Mortalidade Infantil

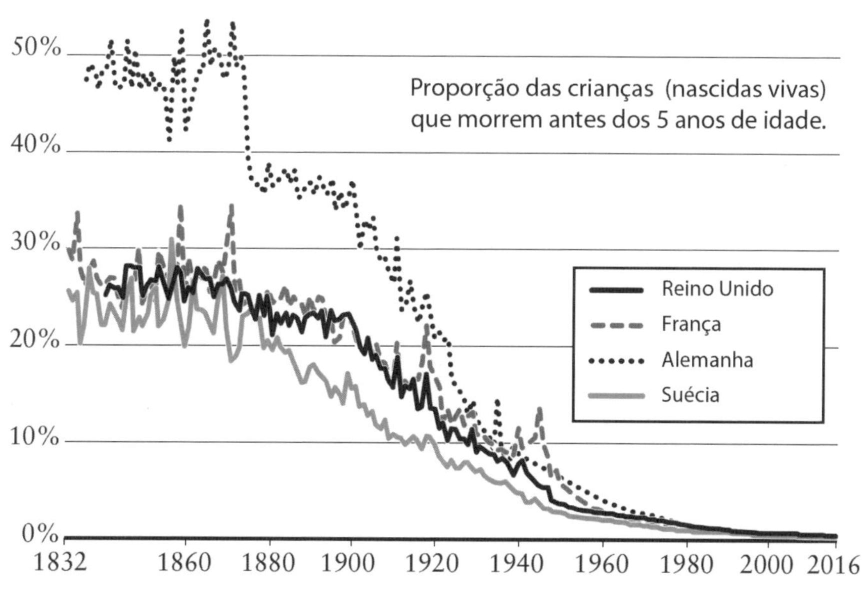

Fonte: Gapminder (2017) & UN IGME (2018)

Esse fluxo de pessoas, terrível e longevo, alterou a trajetória econômica das Américas de maneiras que transformariam o mundo. Independentemente de terem migrado de maneira voluntária ou não, foram essas grandes massas populacionais em movimento que levaram as antigas margens provinciais do Império a finalmente superarem, em prosperidade, suas terras originárias. Essas histórias familiares individuais fornecem uma compreensão mais profunda de por que os epicentros da prosperidade imperial mudaram ao longo dos séculos, e uma dimensão adicional da *Mosella* de Ausônio coloca o processo subjacente totalmente em foco.

DOIS IMPÉRIOS OCIDENTAIS

É altamente incomum ter qualquer evidência da recepção imediata de uma obra antiga de literatura, mas *Mosella* fornece uma exceção fascinante. Ela provocou uma carta de reclamação instantânea de um senador romano de sangue azul, chamado Quinto Aurélio Símaco. O problema: Ausônio não lhe enviara uma cópia. Símaco disse que admirava o trabalho, mas acrescentou uma nota de humor — de forma gentil ou não — a todos os peixes que Ausônio mencionou. ("E, embora eu tenha me encontrado frequentemente à sua mesa e me maravilhado com a maioria de outros alimentos... Nunca encontrei peixes como os que descreve.") Mas o senador foi forçado a espiar a cópia de outra pessoa ao rondar por Roma. Quando você se aprofunda um pouco mais, fica claro que a omissão da lista de distribuição não foi um descuido.

Dois anos antes, Símaco havia liderado uma missão senatorial na cidade de Trier, no vale de Moselle, onde a corte ocidental de Valentiniano I estava então sediada. Foi em Trier que Símaco conheceu Ausônio e jantou com ele — talvez desapontado com o prato de peixe. Durante essa visita, ele fez vários discursos na corte de Valentiniano, dos quais restam apenas fragmentos. Ainda assim, um deles é altamente revelador. A opinião de Símaco sobre a fronteira noroeste de Roma foi surpreendentemente diferente da *Mosella* de Ausônio. Símaco não se concentrou no caráter profundamente romano da região, mas no papel heroico desempenhado pelo "Reno semi-barbárico" na proteção do Tibre (leia-se "Roma"): o de centro da civilização imperial. O que, de repente, traz à tona o verdadeiro significado do poema de Ausônio: *Mosella* foi uma resposta orgulhosa da província gálica para a atitude condescendente da nobreza romana. Como se poderia esperar, a versão de Ausônio soou infinitamente melhor do que os discursos de Símaco na corte de Trier. O senador foi enviado para casa após a missão, com o título insignificante de conde de terceira classe (tão ruim quanto parece, e com o agravante de que era considerado um ato de traição não usar o cargo imperial que lhe fora concedido, então Símaco foi forçado a anunciar sua falta de sucesso para sempre dali em diante), enquanto Ausônio foi de tutor imperial a elevados postos, em meados dos anos 370 e, por fim, ao próprio consulado, em 379. Essa conversa divertida entre Ausônio e Símaco nos aponta outra perspectiva-chave, gerada por uma comparação entre Roma e o Ocidente moderno: a questão do desenvolvimento político.

O Império Romano começou a vida, como de praxe, como um Estado conquistador. A maioria das províncias submetidas ao domínio formal de Roma pelo fio da espada testemunhou não apenas as brutalidades iniciais da subjugação, mas pelo menos uma grande revolta posterior. As destruições provocadas por Boadiceia em Colchester, St. Albans, Londres e em parte da nona legião em 60 d.C., eram praticamente previsíveis. Mas essas revoltas, em geral, ocorreram durante as primeiras décadas do domínio romano e, com o tempo, o status político das províncias e dos provinciais de elite, como os Ausônios, se tornou irreconhecível. O domínio econômico das províncias anteriormente conquistadas foi comparado — como ilustra a disputa entre Ausônio e Símaco — a uma transformação política fundamental. A partir do segundo século d.C., o Império permaneceu uma entidade nominalmente unida, governada a partir de Roma; mas, dada sua vasta escala e comunicações rudimentares, o comando da capital sobre regiões periféricas tornou-se cada vez mais limitado. No final do período imperial, o complexo imperial continuou unido não por um centro dominador, mas por algo muito mais poderoso: estruturas financeiras e legais comuns, firmadas em valores culturais profundamente compartilhados em uma classe romana dominante de latifundiários provinciais, agora definida de forma muito mais ampla.

Em 399, depois de 400 anos de império, os ex-súditos conquistados de Roma já haviam se adaptado ao admirável mundo novo criado pelas legiões. Se você quisesse chegar a qualquer lugar nessa estrutura colossal no período inicial, primeiro teria que adquirir a cidadania romana e se juntar ao culto imperial, os quais exigiam que as elites provinciais recriassem suas próprias aproximações dignas da alta cultura imperial. No século IV, como mostra a carreira de Ausônio, os cargos mais lucrativos estavam no serviço imperial e, como tal, a vasta expansão da burocracia foi o produto da demanda provincial do consumidor, não o modelo burocrático totalitário. O sucesso duradouro exigia que as elites provinciais adotassem de forma absoluta (e sem reservas) as normas culturais greco-romanas do Império. Como resultado, no século IV os provinciais, desde a Muralha de Adriano até o Eufrates, haviam acolhido de todo o coração o latim, as cidades, as togas e a filosofia de vida dos seus conquistadores. Até o cristianismo se espalhou, em virtude de sua incorporação à cultura da classe governante e, como a disputa entre Ausônio e Símaco deixa evidente, um funcionário provincial de Bordeaux agora poderia usar a literatura latina para ensinar uma lição perspicaz — ou até mesmo de civilidade — a um senador de sangue azul.

O Estado da conquista original, governado a partir de Roma, evoluiu para uma vasta comunidade da Eurásia Ocidental, com uma estrutura de tributação comum, que foi usada para sustentar o exército. Este, por sua vez, protegeu o complexo imperial, uma estrutura legal que definiu e preservou a prosperidade das elites provinciais e o senso compartilhado de sua própria superioridade moral e ética, que lhes havia sido inculcado por sua educação. O Império já nem era mais governado a partir de Roma, porque estava muito longe das principais fronteiras: no Reno e no Danúbio, na Europa; e no Eufrates, em direção à Pérsia. Essa foi a era do "Império de dentro para fora", governado a partir de novos centros políticos e econômicos, muito mais próximos da fronteira. Mesmo quando, por razões práticas, provou ser necessário dividir o império politicamente, com a metade oriental administrada a partir de Constantinopla, e sua contraparte ocidental a partir de Trier, no Reno ou em Milão, no norte da Itália, a unidade legal e cultural do Império sobreviveu. Quando Teodoro recebeu seu consulado, Roma era um grande centro educacional, cultural e simbólico, mas isto foi tudo: "um lugar sagrado", como disse um comentarista do século IV, "longe da estrada".

A segunda lição da história imperial romana é prosaica, mas profunda. Os impérios não são entidades estáticas, "coisas". Eles são sistemas dinâmicos de integração econômica e política. Assim, qualquer império de longa duração evoluirá ao longo do tempo — à medida que diferentes elementos do sistema mudam em relação um ao outro —, e transformará as estruturas gerais do próprio regime. Consequentemente, grandes mudanças na localização do poder econômico serão rapidamente equiparadas a transformações correspondentes na influência política.

Isso nos fornece uma lente através da qual podemos visualizar a evolução do Império Ocidental moderno. Mesmo aqueles que negam toda a sua existência — pelos motivos razoáveis de que não estamos lidando com uma única entidade, estabelecida por uma série de conquistas ou organizada a partir de um centro metropolitano — não podem negar a continuidade geral no crescimento da economia ocidental, que culminou em sua participação extraordinária no PIB global no ano de 1999. Nesse ponto, apesar de suas origens às vezes violentamente competitivas — o primeiro conflito verdadeiramente global na história da humanidade foi realizado entre a Grã-Bretanha e a França, em uma série de guerras ao longo do século XVIII —, a posição dominante global do bloco ocidental das nações foi construída sobre níveis profundos de integração econômica interna, em termos de comércio, fluxos de capital e migração humana. Um grande número de imigrantes dos antigos centros imperiais europeus ajudou a criar seu sucessor — os Estados Unidos modernos —, e não é surpreendente o fato de que também há importantes laços e valores compartilhados, manifestados na imitação dos modelos da cultura europeia e no casamento de norte-americanos com membros da elite europeia. Quando Vanderbilt transplantou o auge da alta cultura europeia, uma universidade, para os Estados Unidos, sendo o financiador de uma faculdade que acabaria por levar seu nome, seus candidatos deveriam se expressar fluentemente em latim e grego.

Por fim, essa cultura comum do império, o equivalente moderno ao latim, às cidades e às togas, encontrou expressão formal legal, financeira e institucional: uma contraparte moderna à ascensão das províncias a um domínio econômico e político dentro do sistema imperial romano "de dentro para fora" do século IV. Após a Segunda Guerra Mundial, quando os Estados Unidos desfrutaram um período de hegemonia tão pleno que poderiam disciplinar seus aliados em disputa, eles lideraram a criação de uma série de instituições — as Nações Unidas, o Banco Mundial e o Fundo Monetário Internacional, a OTAN, o Acordo Geral de Tarifas e Comércio, a OCDE e o G7 —, que consagrou o domínio global dos governos ocidentais e os princípios que eles adotaram: mercado, liberdade, democracia, soberania nacional e ordem multilateral. Concordando em discordar sobre os detalhes de seus respectivos modelos nacionais (particularmente sobre a prestação de serviços governamentais e a política externa), os países do Ocidente uniram-se em torno de um conjunto de valores compartilhados, que permitiu um alto grau de cooperação em suas relações. Supervisionando tudo, como na Roma antiga, estava um poder militar dominante, os Estados Unidos, capaz de garantir uma medida de continuidade e estabilidade nos locais mais distantes do Império.

Entendidos adequadamente como sistemas imperiais duradouros e evolutivos, o desenvolvimento político desses dois Impérios ocidentais não é tão diferente quanto as aparências iniciais podem sugerir. O Império Romano foi criado por conquista, mas evoluiu para uma comunidade globalmente dominante (em seu próprio contexto), consolidada em estruturas financeiras, culturais e legais compartilhadas. Sua contraparte moderna emergiu de intensos conflitos internos entre seus eventuais parceiros, mas, em 1999, acabou no mesmo lugar: um organismo autoidentificado, com importantes valores comuns operando por meio de um conjunto compartilhado de instituições jurídicas e financeiras.

Surgiram dois paralelos fortes entre as histórias de Roma e do Ocidente moderno. A crise atingiu os dois sistemas em seus pontos de aparente prosperidade máxima e, a longo prazo, ambos haviam visto mudanças periódicas nos epicentros internos do domínio econômico e político. Tais paralelos são tudo menos acidentais. A razão pela qual a crise deve atingir os sistemas imperiais, profundamente arraigados em seus pontos de prosperidade máxima, emerge com clareza quando voltamos nossa atenção para fora, porque os sistemas imperiais não deixam de operar nos limites de suas fronteiras formais. Em sua ascensão, ambos os Impérios enriqueceram o mundo ao seu redor. Mas, ao fazê-lo, eles inadvertidamente transformaram o contexto geoestratégico em que operavam, criando as raízes de sua própria queda.

3

Leste do Reno, Norte do Danúbio

Por volta do ano 30 d.C., um comerciante romano chamado Gargilio Segundo comprou uma vaca de um homem chamado Estelo. Este veio do exterior — o tipo de pessoa que os romanos rejeitavam como bárbaros, os considerando inferiores por definição —, e vivia perto da moderna cidade holandesa de Franeker, a leste do Reno. A transação custou 115 *nummi* de prata; sabemos sobre isso porque um registro foi inscrito em um pedaço de madeira dragado de um rio holandês. Uma negociação de pequena escala e totalmente normal: não aconteceu apenas uma vez nas fronteiras europeias de Roma, mas um milhão de vezes. Nos séculos antes e depois do nascimento de Cristo, um grande número de soldados romanos ficou posicionado na fronteira do Reno: uma fonte vasta e sem precedentes de demanda econômica. 22 mil soldados romanos, por exemplo, foram alocados no território, provavelmente com apenas 14 mil ocupantes autóctones (conhecidos como cananifatos), recém-expulsos da região noroeste. Estes não poderiam atender às demandas dos soldados por alimentos, forragem e outros materiais naturais, como madeira para construção e cozimento, ou couro. Uma legião de 5 mil homens exigia aproximadamente 7.500 quilos de grãos e 450 quilos de forragem por dia, ou 225 e 13,5 toneladas por mês. Algumas das necessidades dos soldados eram atendidas diretamente pelo centro imperial, mas isso era complicado e logisticamente problemático em um mundo onde o trigo dobrava de preço a cada 80 quilômetros de distância. Sempre que possível, era muito melhor pagar em dinheiro e permitir que os fornecedores locais atendessem à demanda: o fato de a compra de Segundo ter sido testemunhada por dois centuriões sugere que ele supria os militares.

Após a derrota do general romano Varo e de suas três legiões na Batalha da Floresta de Teutoburgo, em 9 d.C. — onde uma coalizão de bárbaros germânicos, parcialmente subjugados à liderança de Armínio, conseguiu reafirmar sua independência política —, a expansão de Roma em áreas a leste do Reno desacelerou e parou. Mais ao sul, a linha leste-oeste do Danúbio rapidamente gerou uma fronteira semelhante. Em meados do primeiro século, o arco formado pelos dois rios começou a marcar a ampla fronteira geográfica do intenso desenvolvimento econômico e cultural das províncias, o que, por fim, acabou produzindo Ausônio e seus muitos companheiros. Mas, embora atuasse com menos intensidade para além dela, os efeitos econômicos transformadores desse vasto sistema imperial não pararam em suas fronteiras.

Dentro do sistema imperial romano mais amplo, as oportunidades para as populações vizinhas assumiram duas formas básicas. Uma ocorreu perto de ambos os lados da fronteira: abastecer as legiões, como a sobrevivência casual do registro sobre a venda da vaca de Estelo nos lembra. A segunda envolveu redes comerciais de maior distância, que se estendiam até a Europa Central. Mais conhecido é o comércio de âmbar: a seiva coagulada de florestas antigas e submersas, muito apreciada pelo mundo do Mediterrâneo para produção de joias. O âmbar era levado pelas águas até as margens do sul do Báltico, transportado para o sul por rotas designadas, até vários pontos na fronteira romana do Danúbio. Havia também uma demanda constante por mão de obra humana. Enquanto as legiões eram compostas por cidadãos romanos, metade do exército era de auxiliares não cidadãos, que poderiam ser recrutados de ambos os lados da fronteira. As inscrições registram muitos recrutas vindos de fora que viveram e prosperaram no mundo romano, embora outros tantos tenham voltado para casa para se aposentar. Junto a esse fluxo populacional voluntário também havia redes de escravatura bem estabelecidas. Ao contrário do bem documentado comércio escravo dominado pelos vikings, na outra extremidade do milênio, as fontes sobreviventes não deixam claro quem praticava a escravatura no período romano, nem de quais partes da Europa suas vítimas eram geralmente levadas. Mas os escravizados domésticos e a mão de obra extra para os campos estavam em constante demanda, em um mundo romano de alta mortalidade infantil (metade de todas as crianças morriam antes dos 5 anos de idade) e baixas densidades populacionais.

As limitações das fontes disponíveis tornam difícil a exploração dos efeitos do estímulo econômico do Império nas vidas daqueles que viviam além das suas fronteiras, como fazemos com o passado mais recente do Ocidente moderno. Mas o quadro arqueológico mais amplo que surgiu nas últimas décadas é impressionante. No início do primeiro milênio d.C., a Europa estava dividida em três grandes zonas de desenvolvimento, claramente desiguais. As populações mais densas e os maiores assentamentos, refletindo tecnologias agrícolas mais produtivas e redes de comércio mais complicadas, estavam localizadas a oeste do Reno e ao sul do Danúbio. Mais a leste, em uma segunda zona centro-norte europeia, que se estendia até ao rio Vístula, na Polônia moderna, uma agricultura mais voltada à subsistência sustentava densidades populacionais mais baixas e assentamentos menores e temporários, com poucas evidências de escambo de qualquer tipo. Em partes dessa região, as únicas estruturas feitas pelo homem, em uso durante mais de uma ou duas gerações, foram os cemitérios, utilizados continuamente e para uma variedade de fins, incluindo reuniões sociais de diferentes tipos ao longo de vários séculos. A economia agrícola prevalecente não conseguia manter a fertilidade de nenhum conjunto de campos durante tempo suficiente para gerar assentamentos de longo prazo, de modo que os cemitérios das comunidades constituíam os seus focos mais permanentes. Para além do Vístula e do arco exterior das montanhas dos Cárpatos, a terceira zona — exterior — da Europa era densamente florestada, com regimes agrícolas ainda mais simples, densidades populacionais mais baixas e nenhum sinal de redes de escambo não locais.

A descoberta desse padrão mais amplo permitiu estabelecer outros dois pontos. Em primeiro lugar, isso explica por que a expansão romana parou de tal forma. Como também foi observado no caso da China Antiga, os impérios que dependem da produção agrícola arável tendem a parar pouco depois do ponto em que o potencial produtivo de novos territórios compensa os custos da conquista. A equação custo-benefício subjacente mantém-se amplamente verdadeira, mas a ambição imperial impulsionará os exércitos um pouco além da linha do ganho líquido. No caso romano, algumas de nossas fontes comentam que não valia a pena conquistar a Grã-Bretanha quando Cláudio enviou quatro legiões ao norte do Canal da Mancha em 43 d.C., e que não foi a derrota de Varo — totalmente vingada na década seguinte —, mas sim a relativa pobreza geral da região entre o Reno e o Elba que realmente fez as legiões pararem ali. Em segundo lugar, e mais importante, isso nos permite traçar a escala da revolução subsequente, gerada por 300 ou 400 anos de demanda econômica romana contínua no interior imediato do Império.

Os romanos podem ter continuado a rejeitar todos os seus vizinhos por serem bárbaros, mas uma grande transformação ganhou impulso. As formas de agricultura de quase subsistência que prevaleciam na segunda zona centro-norte da Europa deram lugar, no século IV, em uma faixa de território imediatamente além dessas fronteiras, a regimes agrícolas mais produtivos, com uma ênfase bem maior nas culturas de cereais, que geralmente produzem muito mais alimentos por hectare do que a criação de gado. Essa microrrevolução agrícola, por sua vez, sustentou populações muito maiores, assentamentos mais amplos e mais estáveis, e excedentes agrícolas saudáveis, alguns dos quais foram convertidos em dinheiro e bens romanos na fronteira. Grandes aldeias permanentes aparecem pela primeira vez nesta parte da Idade do Ferro na Europa Central, a partir do final do século I d.C. A sua relação econômica com o Império tornou-se tão interligada posteriormente que, no século IV, as moedas romanas constituíram um meio de troca cotidiano em muitas de suas regiões fronteiriças: entre as tribos germânicas, incluindo os tervingi góticos do Baixo Danúbio, por exemplo, e os alamanos do Alto Reno. As importações romanas, especialmente de vinho e azeite, mas também de produtos mais comuns, são abundantes nos vestígios do século IV dessa mesma faixa de território, que se estende por mais de 100 quilômetros para além da fronteira romana protegida. Partes dele tiveram até mesmo uma expansão modesta, mas notável, na fabricação e troca de artesanato. As indústrias locais de cerâmica, marcadas pela introdução da roda, haviam crescido em alguns locais, e uma nova indústria de vidro não romana também atendia à procura além das fronteiras. Ambas as indústrias seguiam claramente o exemplo romano, e talvez até recorressem diretamente à sua experiência. As referências históricas confirmam a importância contínua das exportações arqueologicamente invisíveis no século IV — produtos alimentares, animais e mão de obra — indo na outra direção, e a produção de minério de ferro também aumentou de maneira significativa em certas regiões da Europa bárbara, em parte para atender à demanda romana.

Por trás dessa transformação macroeconômica estiveram milhares de inovadores e empreendedores de pequena escala — como Estelo —, que responderam às oportunidades econômicas apresentadas pela demanda sem precedentes dos legionários, sendo pioneiros nas práticas agrícolas mais intensivas que acabaram por surgir em ambos os lados da fronteira. Como as transações individuais eram registradas principalmente em materiais perecíveis, como madeira ou papiro, essas histórias de sucesso individuais não podem ser contadas. Mas as inúmeras evidências arqueológicas lançam reflexos materiais impressionantes da nova riqueza, que fluía simultaneamente para as sociedades não romanas além da fronteira e era, ainda, gerada dentro delas. Também está claro que essa nova riqueza não foi partilhada de forma equitativa, nem na periferia e nem no centro. Não passa de um velho mito nacionalista de que as populações de língua predominantemente germânica, as quais dominaram grande parte da segunda zona da Europa no início do primeiro milênio, se caracterizavam por uma igualdade social generalizada. O impacto global da nova riqueza foi o aumento das diferenças prevalecentes, e também a provável criação de algumas novas. A elite social da fronteira era habitualmente enterrada com as joias e acessórios de vestuário que usava em vida que, com o tempo, foram cada vez mais feitos em prata, a partir de *denários* romanos retrabalhados.

Nem mesmo os efeitos transformadores do contato econômico com o imperialismo romano foram remotamente iguais, em termos geográficos. A terceira zona da Europa, a norte e a leste do Vístula e dos Cárpatos, estava, pelo que podemos ver, tão distante das fronteiras de Roma que ficou completamente intocada por esses processos transformadores. Ali quase não foram encontradas importações romanas, nem as suas populações figuram em qualquer ação narrativa relatada em fontes históricas (embora seja possível que algumas das redes escravistas tenham se estendido muito além da fronteira em busca de vítimas). Sem uma assistência altamente técnica, também é, em geral, impossível distinguir os vestígios regionais de 500 a.C. daqueles de 500 d.C. Pouco ou nada de substancial mudou nessa terceira zona ao longo de todo o milênio marcado pela ascensão e queda de Roma.

Na história geral do desenvolvimento, para além das fronteiras de Roma, a proximidade com o centro era tudo. No século IV d.C., a evidência mais intensa da transformação socioeconômica na segunda zona em geral — como seria de esperar de um mundo onde os transportes eram tão lentos e caros — limitou-se a uma periferia imperial interna, com pouco mais de 100 quilômetros de extensão, onde as populações locais podiam responder de forma mais eficaz às oportunidades econômicas do Império. Entre essa periferia interior e o mundo intocado da terceira zona desenvolveu-se uma periferia exterior, que se estendia por mais algumas centenas de quilômetros da fronteira imperial. As importações romanas estavam presentes ali, mas em quantidades menores em comparação à periferia interna, e a região provavelmente era uma fonte apenas de mais bens de luxo — como âmbar e pessoas —, que valiam a pena ser transportados por distâncias maiores, uma vez que estavam muito longe da fronteira para participar nas redes de abastecimento legionárias. Mesmo assim, os contatos com o Império ainda eram suficientemente importantes ali, no exterior, para terem efeitos visíveis. Um fascinante vislumbre disso surgiu recentemente, na identificação de várias centenas de quilômetros de calçadas e estradas no interior sul do Báltico, que foram construídas nos primeiros séculos d.C., para servir e controlar, presume-se, o crescente comércio de âmbar (e possivelmente também o de escravizados, mas não há como se ter certeza). Pensava-se, a princípio, que essas poderiam ser construções eslavas do final do primeiro milênio, mas a análise de dendrocronologia (datação por anéis de árvores) produziu uma atribuição segura ao período romano. A enorme escala do esforço deixa claro o valor global da rede de escambos que essas ligações serviam.

O poder imperial romano espalhou-se por terra a partir do círculo do Mediterrâneo, uma vez que não tinha meios para transportar as suas legiões para outras partes do globo. A mesma limitação também significou que as operações de longo prazo do sistema imperial romano, criadas por essas conquistas iniciais, geraram padrões geográficos relativamente simples. A conquista formal irradiou-se para fora de Roma ao longo dos séculos antes e após o nascimento de Cristo, até se esgotarem os territórios que valiam a pena anexar. As áreas dentro dessa linha iniciaram, então, uma lenta jornada para se tornarem províncias, enquanto, além dela, emergia uma periferia interior, cujas populações tinham acesso suficiente ao Império para gerarem redes mais intensas de intercâmbio econômico. Mais além havia uma periferia exterior, distante demais para satisfazer qualquer procura imperial que não envolvesse bens de luxo que compensassem o custo e o esforço do transporte de longa distância. Ainda mais longe, o mundo além do rio Vístula não teve qualquer envolvimento visível com o sistema romano.

O imperialismo ocidental moderno, pelo contrário, cresceu e abrangeu todo o globo. Criado por potências com capacidade de construção naval e ferroviária para formar vastas redes imperiais, o Ocidente moderno gerou padrões geográficos muito mais complicados. Contudo, um exame mais atento mostra que as suas estruturas econômicas interligadas funcionavam de uma forma que, em grande parte, se assemelhava à sua contraparte romana antiga.

"TEMOS UM IMPÉRIO MAIS VASTO DO QUE NUNCA"

Em 1853, um adolescente deixou a cidade de Navsari, em Gujarat, para se juntar ao pai em Bombaim. Durante gerações, os Tatas foram sacerdotes pársis em Navsari, mas, na primeira metade do século XIX, Nusserwanji Tata rompeu a tradição da família para abrir um pequeno negócio de exportação em Bombaim. Ali, seu filho Jamsetji teve uma educação inglesa, na nova escola que mais tarde se tornaria o Elphinstone College. A cidade, então sob controle britânico, estava em plena expansão. Com a Presidência de Bombaim, a sede regional da Companhia das Índias Orientais — ali localizada e empenhada em melhorar as ligações de transporte em toda a região —, o porto expandiu-se rapidamente como um importante centro comercial dentro do Império Britânico. Depois que a Grã-Bretanha ganhou o controle de vários portos chineses na Primeira Guerra do Ópio (1839–1842), o Tata pai tinha grandes ambições de transportar ópio da região indiana de Malwa para os mercados chineses.

Em 1859, 2 anos depois do generalizado motim indiano contra o domínio britânico, e 1 ano depois de a Grã-Bretanha ter assumido o controle direto dos ativos da Companhia das Índias Orientais, Jamsetji completou 20 anos de idade. Com os estudos concluídos, ele foi enviado para Hong Kong, onde rapidamente percebeu que era possível ganhar mais dinheiro com o algodão do que com o ópio, convencendo seu pai a mudar de foco. A mudança tinha se revelado mais lucrativa do que os dois poderiam ter imaginado, quando a Guerra Civil Americana eclodiu, em 1861, e as forças da União impuseram um bloqueio aos portos confederados. À medida que o fornecimento americano de algodão às fábricas britânicas se esgotava, o preço do algodão indiano e das exportações têxteis disparou, com as receitas triplicando em Bombaim. Esse súbito e imenso influxo de riqueza fez subir os preços das ações das empresas têxteis indianas e desencadeou uma série de empreendimentos especulativos.

Jamsetji foi novamente pressionado a agir, viajando para a Grã-Bretanha em navios carregados de algodão cru, onde logo estabeleceu laços estreitos com alguns proprietários de moinhos de Lancashire. Com eles, Jamsetji compreendeu melhor o lado manufatureiro da indústria do algodão. A sua perspicácia natural para os negócios foi grandemente encorajada pelo fato de os clubes de negócios de Bombaim, ao contrário dos de Calcutá, estarem abertos aos empresários indianos, facilitando a transferência mútua de conhecimentos práticos através das divisões raciais. A comunidade Pársi de Londres também desenvolveu o hábito de se reunir em uma espécie de clube informal na casa de Dadabhai Naoroji, um dos principais intelectuais nacionalistas da Índia, mais tarde membro fundador do Partido do Congresso Nacional Indiano. Com os dois, Jamsetji aprendeu o valor do *networking* (para não falar das virtudes de se ter boas conexões políticas) para o sucesso empresarial. Quando voltou a Bombaim, fundou seu próprio clube, prática posteriormente continuada por seu filho.

Em 1869, Jamsetji Tata sentiu-se suficientemente confiante no seu conhecimento do negócio têxtil geral para comprar um moinho de petróleo falido em Chinchpokli, ao sul de Bombaim. Convertendo-o para um de algodão, ele o transformou e vendeu com um lucro considerável. Assim começou o envolvimento longo e extremamente bem-sucedido da família na produção têxtil (em vez de apenas exportar algodão cru). Repleto de capital proveniente dos seus muitos empreendimentos de sucesso, e tendo dominado as tecnologias de produção de Lancashire — um conhecimento muito fortalecido por sua prática de contratar uma mistura de funcionários indianos e ingleses —, em seguida Jamsetji

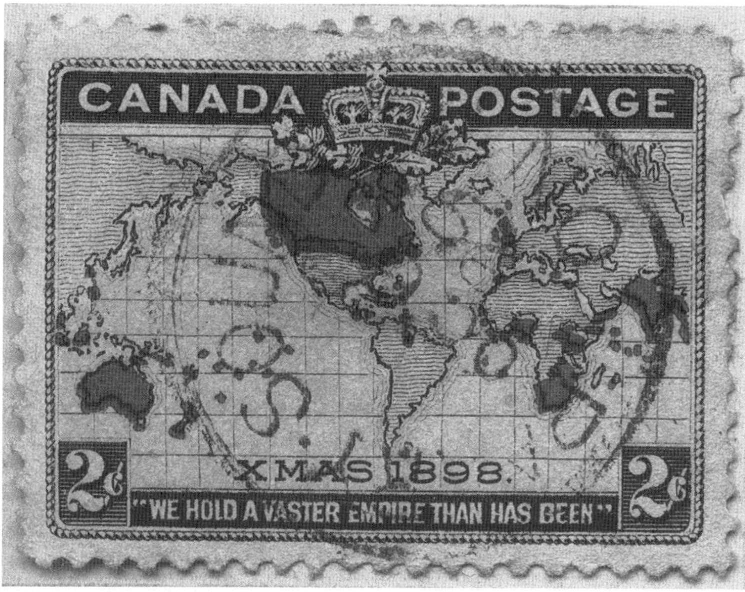

criou um enorme complexo fabril na cidade de Nagpur. O local foi escolhido pela sua proximidade com fornecedores de algodão e de carvão, pelos preços mais baratos dos terrenos e pela ligação ferroviária com Bombaim. Ao vender seus produtos em todo o Império e gerar lucros médios anuais de 20%, o negócio da família Tata cresceu rapidamente. Nas duas gerações seguintes, ele diversificou-se em ferro, aço, engenharia e construção de locomotivas, hidroeletricidade, petroquímica, hotelaria, impressão, seguros, cimento e transporte aéreo (fundando o que, mais tarde, se tornaria a Air India).

À medida que os impérios europeus se espalhavam por todo o planeta, do início do período moderno em diante, as oportunidades econômicas seguiram o seu rastro, aproveitadas por um grande número de indivíduos e famílias, como os Tatas. Desses impérios, o britânico foi certamente o maior. Na sua máxima extensão, como um famoso selo de Natal canadense, 1898, tão graficamente ilustrava com borrifos vermelhos (ver p. 49), cobria quase um quarto da massa terrestre. Mas um selo francês equivalente, da mesma época, teria ostentado quase tantos pontos azuis, e isso sem levar em conta as antigas possessões holandesas, espanholas e portuguesas, ou as regiões recém-adquiridas por territórios relativamente novos, como a América, a Alemanha, a Bélgica e a Itália.

A história de sucesso dos Tatas ecoa a dos não romanos na periferia daquele Império anterior, mas várias diferenças saltam à vista quando o moderno complexo imperial ocidental é comparado ao seu antecessor romano, a mais óbvia dentre elas claramente ilustrada no selo postal: a dimensão. O imperialismo ocidental moderno foi literalmente global, colocando grande parte do planeta sob o seu domínio direto, e quase todo ele em suas redes econômicas de algum jeito, forma ou maneira. Para todos os efeitos, havia algumas partes do planeta que ainda permaneciam fora do sistema imperial no século XX — vastas extensões do interior da Amazônia, as terras altas da Papua Nova Guiné, partes da Ásia Central —, mas os tentáculos do poder econômico do Ocidente estendiam-se por uma percentagem anteriormente inconcebível da superfície da Terra. O imperialismo romano, por outro lado, era regional: o Mediterrâneo e grande parte do seu interior imediato caíram sob o seu controle direto, e uma faixa de território, do centro-norte da Europa até a Ucrânia, participou de suas redes comerciais em maior ou menor grau. Mas, quando se leva em consideração as velocidades relativas de movimento, grande parte dessa aparente diferença evapora. Em sua extensão mais longa, o domínio romano direto se estendia por quase 5 mil quilômetros. Considerando que na antiguidade tudo se movia por terra a cerca de um vigésimo da velocidade facilmente conseguida hoje em dia (p. 17), isso equivale a um Estado moderno que se estende por mais de 100 mil quilômetros, ou mais ou menos duas vezes e meia a circunferência da Terra (quase 40 mil quilômetros, precisamente). No seu próprio contexto, o Império Romano era uma potência global semelhante aos impérios do Ocidente moderno.

Um segundo ponto de aparente diferença é que o Império Romano formava um bloco contínuo de território, reunido a partir de várias regiões do interior da bacia do Mediterrâneo, enquanto as áreas das potências ocidentais modernas estavam espalhadas em pontos de diferentes tamanhos por todo o planeta. Porém, outra vez há uma semelhança mais profunda na forma como os dois sistemas operavam na prática. As grandes manchas vermelhas e azuis em antigos mapas (e selos) coloniais são, em um sentido importante, enganosas. À primeira vista, os Tatas podem parecer-se muito com os Vanderbilts, com a principal diferença de que estes últimos tinham uma vantagem inicial: Cornelius Vanderbilt já era um dos homens mais ricos do mundo quando Jamsetji Tata estava apenas começando a explorar o potencial do algodão. No entanto, existem diferenças entre as duas histórias familiares muito mais profundas do que a cronologia.

Mapas e selos tendem a pressupor que todos os territórios subordinados do império existiam em pé de igualdade. Todos os territórios da Grã-Bretanha devem ter tido o mesmo status, porque são todos coloridos de vermelho; o mesmo acontece com aquelas manchas de azul francês. Esse não era o caso. Os padrões de integração provincial e periférica no moderno Império Ocidental, tal como se desenvolveram até a eclosão da Segunda Guerra Mundial, assemelhavam-se muito ao que ocorreu dentro e fora do mundo romano nos primeiros três séculos após o nascimento de Cristo. Analise o vermelho e o azul nos mapas e verá o surgimento de um padrão triplo semelhante de participação no sistema imperial: províncias totalmente integradas, periferia interna substancialmente integrada e periferia externa muito menos integrada.

PROVÍNCIAS E PERIFERIAS

As colônias eram o equivalente moderno das províncias de Roma — os lugares onde, ao longo do tempo, famílias como a de Ausônio tinham plena participação econômica, cultural e política nas estruturas do Império. Nessas áreas, os colonos passaram, através de uma combinação de violência, negociação e enfermidades, a constituir a maioria da população e, por fim, a introduzir tantas estruturas culturais e institucionais europeias que se tornaram parte efetiva de um núcleo expandido do Império Ocidental, onde quer que estivessem geograficamente localizados. A casa norte-americana dos Vanderbilts é o exemplo mais óbvio, onde a ascensão do que fora originalmente uma comunidade provincial foi tão significativa que, no início do século XX, já tinha se tornado a força econômica dominante dentro do Império Ocidental mais amplo. Mas os chamados "Domínios Brancos" do Império Britânico — dos quais a América inicialmente fazia parte — também se enquadram nessa categoria: Canadá, Austrália e Nova Zelândia. Nos primeiros anos do século XX, o PIB per capita nessas entidades agora autônomas já tinha ultrapassado o da pátria imperial britânica. Nenhuma das outras potências imperiais europeias exportou o suficiente de sua população nativa, ou gerou riqueza suficiente dentro de qualquer uma das suas colônias para as colocar em uma trajetória semelhante de longo prazo e torná-las membros do núcleo imperial do século XX. A França tinha feito isso de maneira potencial nos casos da Nova França, Acádia e Louisiana, mas a maioria foi colocada sob o domínio britânico no século XVIII, e todos os três desenvolveram-se como partes do Canadá e dos Estados Unidos.[7]

No século XX, para além desse núcleo imperial ampliado situava-se a periferia imperial. Tal como na antiguidade, as suas partes podem ser divididas em internas e externas, com base nos valores relativos do seu comércio direto com o Império. No caso romano, em que as trocas dependiam em grande parte do transporte terrestre, "interno" e "externo" também funcionam como descrições geográficas. A periferia interna estava simplesmente mais próxima das fronteiras do Império em linha reta: uma zona de 100 quilômetros de extensão imediatamente além da fronteira, que ajudava a abastecer as legiões e recebia em troca uma série de bens de uso diário. À primeira vista, os sistemas imperiais do Ocidente moderno parecem muito diferentes. Considerando que seus territórios estavam ligados entre si por uma combinação de redes marítimas e (cada vez mais) ferroviárias, muitos dos parceiros comerciais que pertenciam à periferia interna, em termos econômicos, estavam mais distantes do coração do Império ocidental, em termos de milhas ou quilômetros, do que alguns dos seus equivalentes periféricos externos. Partes do subcontinente indiano e do Extremo Oriente, por exemplo, desempenharam um papel significativamente mais importante nas redes comerciais do Império do que grande parte da África, que estava fisicamente mais próxima da Europa. Mas quando olhamos os mapas do Império um pouco mais de perto, medindo a proximidade e a separação — como sempre devemos fazer — em termos do tempo que realmente foi levado para cobrir uma distância específica, não o percurso em milhas ou quilômetros absolutos, logo descobrimos que a periferia do Ocidente moderno, tal como se desenvolveu nas décadas de 1920 e 1930, refletia de maneira efetiva a sua contraparte romana. Ligada por barcos e trens, a periferia imperial interior estava, de fato, mais próxima do coração europeu do Império, em tempo de viagem, do que a sua contraparte exterior.

Na realidade, portanto, a tabela de horários imperiais dos transportes marítimos e ferroviários do início do século XX fornece um guia muito melhor para a identidade da periferia interna do que manchas vermelhas ou azuis em um mapa. Em parte, a periferia interior era composta por colônias ocidentais formalmente constituídas ou, mais precisamente, por regiões específicas dentro de tais colônias. Algodão da Índia, ouro da África do Sul, chá e café da África Oriental Britânica, borracha do Extremo Oriente, açúcar do Caribe: todos eram muito procurados para servir às necessidades ocidentais, e muitos desses bens eram produzidos em territórios sob o controle formal do Império. Outras partes da periferia interna permaneceram politicamente independentes, mas voltaram a orientar uma parte significativa da sua atividade econômica para satisfazer a procura imperial. Em algumas partes do globo, essa integração econômica começou sob a mira de armas: o Japão e a China nunca foram colônias formais, mas no século XIX seus mercados e recursos naturais foram abertos à força — a "diplomacia das canhoneiras" —, com as potências imperiais ocidentais recorrendo regularmente à brutalidade para impor a sua vontade aos Estados militarmente mais fracos.

O que definiu ambos os tipos de territórios como pertencentes à periferia interna foram as rotas marítimas e ferroviárias. Nas primeiras décadas do século XX, emergiu uma rede de portos globalmente interligados, cada um deles estrategicamente posicionado para servir a um interior rico em produtos procurados pelo Império. Originalmente, esses portos estavam vinculados ao seu interior através de sistemas fluviais, mas, a partir da segunda metade do século XIX, uma rede cada vez mais densa e conveniente de linhas ferroviárias (uma das quais permitiu a Jamsetji Tata construir seu moinho de algodão fora de Bombaim) começou a assumir a maior parte do tráfego.

Tal como aconteceu com a sua contraparte romana, o valor total do comércio entre a periferia interna moderna e o centro (em termos proporcionais) ultrapassou o da periferia externa, gerando novas riquezas, suficientes para iniciar processos significativos de transformação socioeconômica. Parte dessa mudança foi impulsionada por imigrantes europeus, atraídos pelas muitas oportunidades de autoenriquecimento.

Na sua maior parte, concentraram-se nos centros comerciais e administrativos das cidades e, em particular, nas áreas destinadas à ocupação europeia, como as Terras Altas Brancas do Quênia ou as plantações das Índias Ocidentais e das Índias Orientais Holandesas. Mas, ao contrário das colônias que iniciaram uma trajetória rumo ao status de província plena, os imigrantes europeus ali nunca representaram mais do que uma pequena percentagem da população total.

Em vez disso, a maior parte da produção na periferia interna era realizada por nativos, que por vezes eram atraídos para a economia imperial de exportação devido aos incentivos de preços e às oportunidades comerciais. Os equivalentes modernos de Estelo incluíam não apenas os grandes, como Nusserwanji e Jamsetji Tata, mas incontáveis milhões de indivíduos, esquecidos por todos, exceto por suas famílias, que imigraram para a periferia interna em busca de novas oportunidades. Os grupos menos afortunados da população local descobriram que não tinham escolha. Muitos regimes coloniais aplicaram leis de trabalho forçado, que utilizavam em projetos de obras públicas — como as estradas de ferro e as rodovias — ou, por vezes, para complementar a força de trabalho nas explorações agrícolas europeias (como na África Ocidental Francesa). A escravidão, claro, foi utilizada durante muito tempo para gerir as economias de *plantation* das Américas e, mesmo após a sua abolição formal, tipos de escravatura, exceto no nome, continuaram a ser utilizados, especialmente nas plantações de borracha do Congo Belga. Os regimes fiscais coloniais que exigiam o pagamento na moeda da potência imperial também poderiam forçar os produtores a orientar sua produção para os mercados imperiais. Esse mecanismo foi utilizado para construir o setor das plantações nas Índias Orientais Holandesas, enquanto na África britânica e francesa as taxas de cobrança eram usadas para cobrir os custos da administração colonial e, ao mesmo tempo, reforçar a moeda imperial (uma vez que todas as receitas fiscais foram depositadas nos bancos centrais do país natal).

Ao longo do tempo, esta poderosa combinação de participação econômica voluntária e involuntária mudou substancialmente a distribuição da população e da riqueza na periferia interna. Além de fazer a fortuna de muitos europeus e de um número menor de empresários nativos, como os Tatas, um efeito estrutural maior ficou muito marcado pelo período entre guerras: a realocação. Na Índia, em meados do século XIX, a população de cidades como Bombaim já dobrava a cada década, enquanto as regiões interiores, produtoras de ópio e algodão, sugavam mão de obra em grandes quantidades. Esses efeitos refletiram-se em toda a periferia interna, em torno dos portos do tratado da China imperial e do Japão, nas regiões de colonização francesa na Argélia e nas colônias de plantações do Caribe, à medida que cada vez mais pessoas se deslocavam em direção aos portos costeiros ou às redes fluviais e ferroviárias que ligavam às zonas de produção do interior.

A periferia exterior, ao contrário, foi marcada por volumes mais baixos de comércio direto com o sistema econômico central. Na falta de recursos ou de mercados pelos quais os produtores imperiais ansiavam, ou de uma ecologia que tornasse possível aos administradores imperiais implementarem culturas agrícolas de exportação em grande escala, essas áreas — mesmo sob domínio colonial formal — atraíam menos investimento em infraestruturas de transporte e permaneceram relativamente isoladas em termos geográficos. Em grande parte da periferia externa, a maioria das pessoas raramente, ou nunca, encontrava uma pessoa branca, mesmo que suas casas estivessem coloridas em vermelho ou azul nos mapas. Ao mesmo tempo, muitas pessoas que viviam nessa periferia ainda viam os padrões das suas vidas serem substancialmente refeitos, à medida que as redes comerciais imperiais aumentavam de intensidade ao longo do tempo.

Sem acesso conveniente ao comércio de exportação para a Europa e a América do Norte, as cidades do interior muitas vezes definhavam. Em um caso extremo, Tombuctu passou de um entreposto rico e populoso, em uma antiga rota comercial transaariana, para a extinção quase total, quando as vias e estradas de ferro francesas reorientaram o comércio de forma lateral ao longo da costa. Agora referido no Ocidente como um lugar extremamente remoto, Tombuctu já foi o centro extremamente rico de uma vasta rede de comércio. De um modo mais geral, mesmo quando não foram fisicamente atraídos para a periferia interna, os produtores agrícolas da periferia externa por vezes forneciam alimentos aos consumidores locais, especialmente quando estes últimos, ao transferirem sua produção para culturas de exportação ou abandonarem completamente a agricultura, perderam totalmente a capacidade de se alimentar. Territórios coloniais como Alto Volta ou Mali, Estados nominalmente independentes como o Butão e o Lesoto, e mesmo grandes áreas no interior da Índia ou da China, cuja organização social e econômica sofreu poucas mudanças antes da Segunda Guerra Mundial, operaram efetivamente na periferia imperial exterior. Houve um pequeno intercâmbio entre o Butão e a Índia britânica, e alguma migração laboral substancial do Alto Volta, Mali e Lesoto para fazendas e minas nos territórios vizinhos, que *estavam* vinculados à economia global. A produção bruta e o rendimento per capita na periferia exterior às vezes aumentavam devido a esse comércio, mas geralmente muito menos do que na periferia interior, que, por sua vez, aumentou menos do que nas províncias.

Como consequência, a maioria das sociedades periféricas — internas e externas — testemunhou processos de transformação econômica muito mais lentos até 1939 do que as províncias do Império Ocidental. Na prática, as fronteiras entre as três categorias podiam flutuar, e nem sempre correspondiam perfeitamente às fronteiras traçadas nos mapas. Diferentes regiões dentro da mesma jurisdição podiam pertencer à periferia interna e externa, como foi certamente o caso na China e na Índia. A África do Sul possivelmente continha todos os três elementos do sistema imperial em um só: um núcleo provincial em áreas de substancial colonização branca e em suas principais cidades; uma periferia interior em algumas áreas de mineração e exportação agrícola; e uma periferia exterior em áreas que funcionavam, de forma efetiva, como reservas de mão de obra para o que, depois de 1948, se tornaria a economia do *apartheid*. No entanto, tal como aconteceu com os vizinhos de Roma, as consequências de qualquer nível de integração na economia imperial revelaram-se revolucionárias para todos os envolvidos.

Em alguns casos, o impacto global foi gravemente negativo. Após a abertura forçada da China ao Ocidente, a sua economia retrocedeu. Ao longo do século XIX, quando a renda per capita da Grã-Bretanha mais do que duplicou, a da China caiu um décimo. Mesmo que fortunas individuais ainda fossem feitas nos territórios da China no final do século XIX e início do século XX, o efeito global foi um período de crise. Mas esse tipo de declínio absoluto não era o resultado macroeconômico normal, nem na periferia interior nem na periferia exterior. O caso da Índia foi mais típico. A sua economia cresceu, mas em um ritmo mais lento do que o das províncias centrais do sistema imperial. Isso proporcionou novas oportunidades para aqueles, como os Tatas, capazes e astutos o suficiente para aproveitá-las, mas a economia como um todo caiu em relação à da mãe-pátria imperial, enquanto os grandes da Companhia Britânica das Índias Orientais saqueavam totalmente seus novos territórios, despojando-os de joias e de outras formas de riqueza móvel, à medida que montavam vastas fortunas pessoais (eles enchiam as mansões de campo que construíram na terra natal com grande parte do produto do saque). Contudo, o desenvolvimento econômico na periferia, a longo prazo, teve um significado muito além da ascensão limitada das classes empresariais nativas ou da reconstrução dos padrões prevalecentes de demografia e produção. Mesmo quando não é imediatamente aparente, qualquer grande mudança econômica, através da redistribuição da riqueza, terá necessariamente consequências políticas de longo alcance.

4
O Poder do Dinheiro

Na madrugada de 11 de setembro de 1973, um carro corria pelas ruas de Santiago. Pouco tempo antes, o presidente chileno, Salvador Allende, tinha recebido um telefonema o alertando sobre um motim naval na cidade portuária de Valparaíso. Quando ligou para o Comandante do Exército para obter notícias, o General Augusto Pinochet disse que investigaria e telefonaria de volta. Alguns minutos de silêncio foram suficientes para que o presidente percebesse que Pinochet não ligaria. Lutando para alertar seus aliados de que um golpe estava em andamento, Allende correu até o palácio presidencial.

A tentativa do presidente de construir uma utopia socialista chilena sempre foi perigosa. Ele venceu as eleições de 1970 com apenas um terço dos votos. Isso foi suficiente no sistema eleitoral chileno para lhe garantir a presidência, mas com um mandato fraco e com o apoio apenas de uma minoria em um Congresso desfavorável. A economia que herdou, mesmo não debilitada, ainda lhe deu poucos meios para construir uma nova Jerusalém, com uma inflação persistentemente elevada a acompanhar um crescimento constante, mas nada espetacular. Com o objetivo de iniciar uma transformação, o programa inicial de gastos generosos de Allende desencadeou um *boom* de curto prazo, mas em 1973 a economia estagnou. A produção caiu, a inflação disparou, eclodiram greves contínuas e as filas para comprar pão aumentavam cada vez mais. Apesar dessa situação alarmante, com o aumento do descontentamento interno os militares do Chile agarraram-se ao seu profissionalismo tradicional, abstendo-se da intervenção política tão característica de outros generais latino-americanos. O que finalmente levou Pinochet à ação foi o apoio norte-americano.

Mesmo para os padrões dos presidentes norte-americanos, Richard Nixon detestava tudo que fosse comunista. No final da década de 1960, o governo chileno anterior embarcou em um drástico programa de reforma social, que envolveu a redistribuição de terras e a estatização parcial de uma indústria de cobre, propriedade norte-americana. Isso testou a paciência de Nixon, mas enquanto o Chile permaneceu alinhado com o Ocidente, Washington aceitou e se conformou com a situação. Allende, no entanto, abusou da sorte. Não só completou o processo de estatização sem maiores compensações aos interesses dos EUA, mas também ameaçou mover o Chile para uma órbita soviética. Para Washington, isso foi demais. Os Estados Unidos ainda sofriam a perda de Cuba para o campo comunista após a revolução de 1959, e eles não estavam dispostos a tolerar um segundo Estado socialista no seu quintal. Por meio de atividades secretas, que incluíram o financiamento sigiloso de políticos e meios de comunicação anti-Allende, pressão sobre os militares chilenos (em quem os agentes de inteligência dos EUA encontraram oficiais solidários) e incentivo a respostas aos primeiros rumores de um golpe nos corredores do poder de Santiago, a Casa Branca deixou claro que acolheria com satisfação a queda de Allende.

No final do dia, Allende havia cometido suicídio e Pinochet estava no comando de uma junta militar. Ele governaria o Chile pelos próximos 17 anos. Embora o envolvimento da CIA na derrubada e na execução efetiva de Allende tenha provocado a indignação liberal em todo o mundo, a administração Nixon agiu dentro de parâmetros bem definidos do poder imperial ocidental. Após a Segunda Guerra Mundial, a diplomacia das canhoneiras do século XIX e início do século XX deu lugar a um novo tipo de domínio. Considerando que tantos países em desenvolvimento eram muito dependentes economicamente do novo Império Ocidental, seus líderes, especialmente os Estados Unidos, podiam exercer enorme influência por meio de métodos menos intrusivos. O repertório para lidar com governos recalcitrantes era extenso: cortar a ajuda, obstruir as negociações comerciais, apoiar os seus inimigos internos, impor sanções de viagem aos líderes e congelar contas bancárias. E se nada disso fosse suficiente, então, tal como no Chile, ações encobertas poderiam ajudar a instalar um regime mais complacente. Salvador Allende foi apenas um em uma longa lista de governantes na periferia imperial do Ocidente pós-1945, como Mohammad Mossadegh, do Irã, ou Jacobo Arbenz, da

Guatemala, que foram depostos quando se tornaram demasiado assertivos e ameaçaram a hegemonia ocidental. Muitos outros, bem conscientes desses exemplos, relutantes em antagonizar o Ocidente, moderaram qualquer hostilidade inicial ou até cortejaram ativamente o patrocínio ocidental, servindo como aliados ou representantes confiáveis, como fizeram Ferdinand Marcos, das Filipinas, e Mobutu Sese Seko, do Zaire (agora a República Democrática do Congo). Tudo isso tem uma notável semelhança com a forma como o antigo Império Romano controlou sua própria periferia interior.

CONODOMÁRIO E MACRIANO

Durante os primeiros três séculos d.C., as populações para além das fronteiras romanas do Reno e do Danúbio usaram parte de sua nova riqueza para importar uma vasta gama de produtos romanos. As ligações comerciais foram uma fonte dessa riqueza, mas não a única. Ao longo dos séculos, milhares de indivíduos regressaram a casa após o serviço militar romano com suas economias e bônus de aposentadoria (p. 42). Mais acima na escala social, os subsídios diplomáticos foram sistematicamente utilizados pelos imperadores romanos para apoiar reis sob seus regimes, que estavam dispostos a governar suas próprias partes da fronteira, em geral, de acordo com os interesses romanos. Chamados de "dádivas anuais" em nossas fontes, por vezes assumiam a forma de roupas finas e alimentos exóticos, bem como de pagamentos em dinheiro, parte do qual os reis reaproveitavam para garantir o apoio local. Na economia menos oficial, os ataques também eram endêmicos (e, muito provavelmente, às vezes sancionados pelos mesmos reis sob o regime, que eram perfeitamente capazes de fazer um jogo duplo). A economia romana, apesar de toda a expansão para além da fronteira (Capítulo 3), permaneceu significativamente mais desenvolvida do que nas suas periferias bárbaras, e a enorme variedade de seus produtos proporcionou alvos altamente atraentes para olhares gananciosos, especialmente na periferia interna, onde era fácil atravessar a fronteira. Em 1967, a escavação de cascalheiras no Reno, perto da cidade romana de Speyer, levou à descoberta do tesouro saqueado de uma vila romana. No final do século III, alguns invasores saquearam a vila e tentaram atravessar o rio em carroças carregadas em jangadas. Mas eles fracassaram, provavelmente afundados por barcos de patrulha romanos. As carroças continham extraordinários 700 quilos de bens roubados, que continham todas as peças de metal que os invasores conseguiram encontrar: não apenas a prataria da sala de jantar, mas muitos utensílios de cozinha, incluindo 51 caldeirões, 25 tigelas e bacias, e 20 conchas de ferro, sem falar em todos os equipamentos agrícolas da vila. Toda e qualquer peça de metalurgia romana podia ser reutilizada ou reciclada do outro lado da fronteira, onde sempre havia utilidade para bens saqueados e o metal era constantemente procurado. No século IV, esses contatos geradores de riqueza com o mundo romano — pacíficos ou não — se intensificaram durante 300 anos, e o seu efeito revolucionário sobre os vizinhos de Roma tornou-se bastante visível.

Em 357, os seguidores armados de uma confederação alamana, liderada por um ambicioso governante chamado Conodomário, enfrentaram as forças romanas do César Ocidental (título para imperador júnior) Juliano, perto da moderna cidade de Estrasburgo. Os alamanos ocuparam um bloco de território imediatamente além das fronteiras do Alto Reno e do Alto Danúbio de Roma, governado por uma série de príncipes locais, sobre os quais Conodomário havia estabelecido certo grau de hegemonia. No início da década de 350, Conodomário aproveitou uma guerra civil imperial para promover sua própria agenda expansionista, confiscando uma faixa de terra no lado romano da fronteira. Quando a batalha começou, Conodomário liderou 35 mil homens e Juliano 13 mil, mas os alamanos sofreram uma derrota devastadora. Seu líder foi capturado junto de sua comitiva, e 6 mil de seus homens morreram no campo de batalha, muitos abatidos enquanto lutavam para cruzar o Reno. Os romanos teriam perdido apenas 247 homens. Especialmente devido a semelhança nos nomes, é possível perdoá-lo por pensar que nada mudou nos 400 anos desde Júlio César. O seu relato em primeira mão das Guerras Gálicas, de meados do século I a.C., o *Commentarii de Bello Gallico*, está repleto de confrontos unilaterais, com resultados igualmente catastróficos para os inimigos de Roma. O que aconteceu depois dessa batalha do século IV, contudo, ilustra claramente o quanto o mundo fora de Roma mudou.

No primeiro século a.C., ou mesmo d.C., tal derrota teria causado a destruição total da confederação inimiga envolvida. Isso aconteceu no caso do rei suevo Ariovisto, um ex-aliado romano, cuja confederação se desfez completamente após sua derrota para Júlio César em 58 a.C., e de quem nunca mais se ouviu falar. Mesmo na vitória, as alianças germânicas dessa época tendiam a entrar em colapso. Em 9 d.C., o chefe querusciano Armínio ("Hermann, o Germânico") formou uma confederação que emboscou e destruiu três legiões romanas inteiras e suas tropas auxiliares de apoio — bem mais que 20 mil homens — na floresta de Teutoburgo (p. 42). Apesar dessa vitória impressionante, a sua coligação rapidamente se desfez, e ele próprio foi traído e morto. A explicação subjacente para a instabilidade política geral do mundo primitivo de língua germânica não é nada complicada. A área relativamente pequena do centro-norte da Europa que eles ocupavam (a segunda zona da paisagem europeia, tal como era no nascimento de Cristo: p. 43) era o lar de cinquenta ou sessenta unidades políticas diferentes no primeiro século d.C. Como essa ordem de grandeza indica, todas as unidades eram pequenas, e muitas delas não estavam sob o controle de líderes centrais fortemente estabelecidos ("reis"), mas eram dirigidas por conselhos de chefes mais flexíveis. Isso refletia o subdesenvolvimento econômico geral da região, e significava que uma autoridade política estável e em grande escala era simplesmente impossível. As coligações podiam ser formadas, mas iriam sempre desmoronar — na vitória ou na derrota —, uma vez alcançados os seus objetivos imediatos.

Em meados do século IV, contudo, mesmo uma derrota aparentemente catastrófica, como a batalha de Estrasburgo, não representou nem de longe o fim da confederação alamana, que logo se reagrupou politicamente, pronta para lutar de novo. Dentro de uma década, mais um exército romano enfrentou outra grande força alamana, na Batalha de Châlons em 364. Foi, novamente, vitória romana, dessa vez com baixas mais pesadas: 1.100 soldados romanos morreram. E, ainda assim, a confederação alamana continuou a existir, lançando outro líder proeminente na segunda metade da década, Macriano, que logo se tornou o principal objeto da pressão militar e diplomática romana. Os alamanos também não foram uma exceção. Aconteceu exatamente a mesma coisa, muito mais a leste, na foz do Danúbio. Ali, outra grande confederação política, dominada pelo povo gótico tervíngio, controlava a região imediatamente além da linha de fronteira defendida por Roma. Os tervíngios ganharam destaque na década de 310, antes de sofrerem uma grave derrota nas mãos do imperador Constantino, em 332. Mais uma vez, porém, o fracasso não levou à dissolução. Sob uma série de líderes da mesma dinastia governante, os tervíngios continuaram a ser a força dominante da região. Logo depois, na periferia interna do período romano tardio (p. 44), a mesma mudança geral é aparente. A multiplicidade emaranhada de líderes e conselhos, documentada nos primeiros séculos a.C. e d.C., deu lugar a um número menor de confederações políticas grandiosas e mais duradouras, com lideranças centrais muito mais poderosas.

Em um sentido geral, essa maior estabilidade política foi um produto da riqueza e das populações maiores que se acumularam na periferia interior ao longo de séculos de interação transformadora com o Império Romano. Mas as evidências sugerem que o contato com o Império foi responsável por impulsionar essa transformação política de formas mais específicas. No século IV d.C., em todos os ramos do antigo grupo linguístico germânico — cujos falantes predominaram ao longo da maior parte da fronteira europeia de Roma —, um vocabulário mais antigo, de liderança política mais consensual, deu lugar a novos títulos, derivados de palavras que remetiam ao comando militar. Enquanto antes os governantes tinham títulos que significavam "líder do povo", agora eram todos "líder de batalhão". Há todos os motivos para pensar que isso não foi coincidência.

Em 1955, alguns operários dinamarqueses abriam uma vala de drenagem em Ejsbol Mose, no norte de Schleswig, quando encontraram, em uma pequena seção dela, um impressionante conjunto de 600 objetos metálicos. Nove anos e 1.700 metros quadrados depois, os arqueólogos identificaram vários depósitos diferentes jogados no que antes tinha sido um lago raso. O maior era o equipamento completo de uma força militar bem organizada, de cerca do ano 300 d.C. Era composto por cerca de 200 lanceiros (os escavadores encontraram 193 cabeças de dardos farpados e outras 187 pontas de lanças), dos quais talvez um terço também fosse equipado com espadas (eles encontraram 63 bainhas, além de 60 espadas e 62 facas que originalmente tinham estado nelas). A princípio, os escavadores pensaram ter descoberto o maior esconderijo conhecido de espadas romanas do mundo, mas a realidade foi ainda mais interessante. Algumas das espadas eram importadas, mas a maioria era obra de produtores locais que copiaram os fabricantes romanos.

Essa e outras descobertas semelhantes deixam claro que o contato imperial não criou uma nova riqueza, partilhada igualmente entre aqueles que viviam na sua periferia. Em vez disso, a interação a longo prazo com o Império concentrou maior riqueza e tecnologia militar avançada entre grupos específicos. Os subsídios diplomáticos, as taxas cobradas sobre o comércio de mercadorias, o pagamento do serviço militar, os lucros do comércio de escravizados (que exigia o uso da força), até mesmo o saque de ataques transfronteiriços bem-sucedidos: toda essa nova riqueza caiu desproporcionalmente nas mãos daqueles com capacidade militar estabelecida, em particular na periferia interna, mas, em certa medida, também na periferia externa. Ela também lhes deu meios para desenvolver ainda mais o seu potencial militar, tanto pela contratação de mais guerreiros quanto pela compra de equipamento superior.

Esses desenvolvimentos acentuaram algumas características existentes da sociedade centro-norte da Europa. Quando Roma chegou à sua porta, esta região, que os romanos chamavam de Europa bárbara, já era substancialmente militarista e estava longe de ser igualitária. Mas os novos fluxos de riqueza romana forneceram um mecanismo para que determinados líderes, por meio de competição interna e de uma corrida armamentista ampliada, construíssem estruturas de poder mais prolongadas, que são evidentes nas confederações maiores e mais duradouras que Roma enfrentava do outro lado da fronteira, no século IV. Por vezes, essa competição teve resultados brutais. O equipamento encontrado em Ejsbol Mose foi todo destruído antes de ser jogado no lago: um sacrifício ritual que fez seus investigadores suporem, com razão, que um destino semelhante provavelmente também teria acometido seus proprietários recentes. Mas em outras ocasiões, talvez com mais frequência, o confronto competitivo levou à criação de novas alianças, em que as partes mais fracas aceitavam a soberania efetiva de um vizinho reconhecido como mais forte.

A lógica aqui é objetiva. Todas as novas confederações documentadas eram alianças entre líderes militares anteriormente separados. Esse tipo de relação deixou muitos dos parceiros minoritários em posições de autoridade intermediária, mantendo o controle direto das suas próprias corporações militares. Mesmo assim, o efeito político geral foi significativo. O contato transformador com o Império gerou processos de militarização e centralização política que se reforçavam mutuamente, impulsionados pelos grupos da periferia mais bem posicionados para explorar as oportunidades de aquisição de novas riquezas e equipamento militar avançado do mundo romano. Como resultado, as relações entre o Império Romano e a sua periferia interior do século IV mudaram substancialmente, afastando-se da diplomacia das canhoneiras legionárias do período inicial.

As novas confederações fizeram sentir a sua presença pela primeira vez em meados do século III, quando suas ambições agressivas e seu poder militar extra infligiram algumas perdas imediatas ao Império. Esse foi o período em que o norte da Grã-Bretanha e a Bélgica sofreram tantos danos que as densidades de povoamento não conseguiram se recuperar, mesmo na Era Dourada do século IV (p. 19). As vilas romanas eram casas de campo grandes e indefesas, de modo que, se a segurança entrasse em colapso em qualquer setor da linha de fronteira, seriam sempre o alvo preferido de uma confederação da oposição, garantindo perturbações econômicas localizadas na região afetada, à medida que essas propriedades agrícolas deixassem de funcionar. Mais estrategicamente, a maior capacidade militar das confederações também forçou ajustes na localização das linhas fronteiriças europeias de Roma. Algumas áreas que caminhavam rumo ao pleno status de província romana foram abandonadas à periferia interna, com a retirada dos soldados e da administração romana. A maior perda foi a Dácia da Transilvânia, além do Danúbio; mas a ponta norte da Grã-Bretanha romana, além da Muralha de Adriano, também foi abandonada, assim como os *Agri Decumates*, uma região entre o Alto Reno e o Danúbio, ocupada pelos alamanos. Esses territórios foram entregues devido ao aumento geral da pressão militar externa das novas confederações, mas o ato final em cada caso parece ter sido uma retirada calculada dos soldados e administradores romanos.

Ao mesmo tempo, as novas confederações da periferia interna também ofereceram a Roma algumas oportunidades úteis. No século IV, o Império recorreu regularmente à sua capacidade militar: contingentes aliados do povo gótico tervíngio serviram em três campanhas imperiais diferentes contra a Pérsia, com grupos guerreiros semelhantes aos alamanos e aos francos do Reno convocados para campanhas por imperadores ocidentais. Esses contingentes tinham de ser pagos (colocando ainda mais riqueza nas mãos dos grupos militares dominantes), e os números envolvidos não eram altos, mas muito menores do que para recrutar soldados romanos adicionais, uma vez que esses voltavam para casa após cada campanha. Mesmo assim, uma vez feitos os ajustes necessários, a Roma do século IV foi capaz de afirmar e manter um domínio demarcado, apesar dos maiores níveis de organização militar e política que podem ser observados entre as novas confederações.

Como Conodomário descobriu às próprias custas, nenhuma das novas confederações era poderosa o suficiente para desafiar diretamente o poderio militar romano. Mesmo onde as tensões com Roma aumentavam — o que ocorria periodicamente, uma vez que os ambiciosos reis guerreiros tinham agendas políticas próprias —, confrontos militares independentes, como o de Estrasburgo, eram raros. Os parceiros fronteiriços de Roma estavam bem conscientes do resultado provável e evitam a forçar a resistência ao ponto de um confronto aberto (mesmo que pudessem encorajar e lucrar com um pequeno ataque ilícito). De modo geral, portanto, o curso das relações nas fronteiras europeias do final do Império seguiu um padrão diferente. Cerca de uma vez por geração política (a cada 25 anos ou mais), no final do século III e no século IV, os imperadores romanos montaram expedições em grande escala no extremo de cada um dos quatro setores principais da linha da fronteira europeia: Baixo Reno, Alto Reno, Médio Danúbio e Baixo Danúbio. Nesses momentos, alguns vizinhos menos afortunados do Império viram suas casas incendiadas em campanhas de terror, os ocupantes presos e vendidos como escravos. Essa demonstração inicial de poderio militar geralmente era suficiente para fazer com que os senhores de guerra locais se apresentassem em submissão formal. O imperador, então, aproveitava os momentos de máxima influência política para reorganizar a administração da confederação local, para adequá-la aos interesses romanos. A expectativa de vida do novo assentamento era ampliada pela exigência de reféns de status elevado — que eram levados à corte para receber educação romana — e pela concessão de valiosos acordos comerciais, presentes e subsídios diplomáticos anuais àqueles que se alinhassem a Roma, o que dava aos parceiros subordinados todos os motivos para preservar o assentamento. Essa combinação de castigo e incentivo foi suficiente para manter uma paz ampla em qualquer setor fronteiriço durante as próximas décadas, em que qualquer rei excessivamente ambicioso podia ser removido por rapto ou assassinato seletivo (inevitavelmente trazendo Salvador Allende à mente mais uma vez).

Isso não quer dizer que tudo correu bem. Tais acordos minimizaram, mas não eliminaram os ataques transfronteiriços. Diferentes regimes imperiais por vezes também alteraram arbitrariamente a combinação de estratégias para promover suas próprias agendas políticas. No início da década de 360, Valentiniano I queria parecer duro com os bárbaros, por isso reduziu unilateralmente os subsídios anuais aos alamanos e começou a construir fortalezas onde havia sido acordado que não haveria nenhuma. O resultado foi uma grave explosão de violência nas fronteiras, apesar da recente (e efetiva) subjugação da região vicinal do Alto Reno por Juliano, após a batalha de Estrasburgo. Eventos externos também podiam coagir um imperador. No final da década de 360, o principal receio de Valentiniano no Alto Reno tornou-se, como vimos, a ascensão de um novo rei alamano: Macriano. Primeiro, o imperador tentou organizar seu assassinato; depois, enviou um esquadrão especial para sequestrá-lo. Nenhum dos dois planos funcionou, e quando surgiram sérios problemas em outro setor da fronteira, Valentiniano foi forçado a mudar de rumo. Macriano foi convidado para uma reunião em um navio no meio do Reno, e os dois chegaram a um acordo: Valentiniano reconheceu o status de Macriano como rei dos alamanos e concedeu-lhe termos favoráveis, em troca dos quais ele manteve a paz na fronteira e direcionou suas ambições expansionistas para seus vizinhos francos do norte.

Todos esses, no entanto, foram contratempos relativamente pequenos. As novas confederações político-militares forçaram uma mudança geral na política imperial em direção a uma diplomacia manipuladora, mas Roma manteve sua posição dominante. As dinastias fronteiriças queriam maximizar suas posições, mas poucos ousaram desafiar diretamente o poder romano. O desenvolvimento periférico impôs algumas restrições ao exercício do domínio imperial, mas não o reverteu. Até o ambicioso Macriano ficou tão satisfeito com seu acordo especial que permaneceu um aliado confiável pelo resto da vida. Muitos anos depois, a mudança na abordagem de Roma em relação ao exercício do poder imperial encontrou fortes ecos, à medida que o século XX se desenrolava.

FORA DA ÍNDIA (E DA ÁFRICA...)

Nos finais dos séculos XVIII e XIX, o domínio monárquico característico do emergente Império Ocidental foi desafiado, e parcialmente derrubado, por uma nova doutrina. Essa doutrina sustentava que a autoridade não vinha de cima, mas de baixo: das pessoas que constituíam a nação. Ela rapidamente capacitou muitos colonos americanos a libertarem-se do controle imperial britânico (e espanhol e português) direto, e a população da França a revoltar-se contra os monarcas nacionais. No devido tempo, o nacionalismo forneceu uma justificação ideológica para mais agitações políticas periódicas em toda a Europa ao longo do século XIX e início do século XX. Ele também se apoderaria de muitas populações que viviam na periferia dos impérios europeus sob o domínio colonial, sobretudo na joia da coroa imperial britânica.

O imperialismo europeu sempre provocou resistência local, e sua expansão massiva no século XIX não foi exceção: as guerras Zulu, o Mahdi "Louco" do Sudão, a Guerra dos Boxers, a guerra de resistência de Diponegoro na Java Holandesa, a batalha de Samory Touré com os franceses na África Ocidental, assim por diante. Essas revoltas sempre infligiram perdas, por vezes graves, mas geralmente tiveram o mesmo destino que o ataque de Boudicca ao domínio romano na Grã-Bretanha, e praticamente pela mesma razão. As forças que resistiam à expansão imperial eram comparativamente pequenas, tecnologicamente menos desenvolvidas e administrativamente frágeis. Após as suas derrotas inevitáveis, as elites pré-coloniais em geral desvaneciam na irrelevância política, seus lugares ocupados por novos grupos que dominavam, com sucesso, as práticas e tecnologias do Império e, por vezes, também elementos da cultura e da retórica do seu núcleo europeu, sobretudo a exigência da independência nacional.

Um dos primeiros movimentos coloniais nacionalistas surgiu na Índia, no final do século XIX. Como acontecia com frequência em outros lugares, originou-se em clubes e salões (parcialmente copiados de modelos coloniais) onde se reunia uma classe média nativa. A Índia Britânica, tal qual muitos territórios da periferia interior, tinha uma comunidade numericamente grande de colonos e administradores europeus, mas, como percentagem da população total, representava apenas uma pequena pedra angular em uma pirâmide de poder político, que era composta quase inteiramente por pessoal local. O custo, tanto em dinheiro quanto em mão de obra, de transpor todo um aparelho de administração colonial da "pátria-mãe", teria tornado o empreendimento economicamente inviável. A Grã-Bretanha enviou apenas os mais altos funcionários e oficiais para a Índia, recrutando o restante do seu pessoal e gestores intermediários no local, a um custo muito menor. Foi assim que a Grã-Bretanha pôde governar 300 milhões de indianos com apenas 4 mil funcionários públicos, assim como vários milhões de pessoas no interior da África Ocidental puderam ser governadas por dez funcionários franceses. Como resultado — e para manter uma posição de superioridade originalmente estabelecida pela violência e intimidação —, a administração britânica na Índia, como a maioria das outras administrações imperiais na parte majoritária da periferia colonizada, funcionou como um sistema de castas eficaz, com o auge de status e poder reservado aos europeus. Eles recriaram algumas das instituições nacionais, como os clubes e escolas que se espalhavam por Bombaim, e até mesmo assimilaram, ocasionalmente, membros da elite local em suas fileiras. Mas nunca houve a menor dúvida nas sociedades coloniais sobre onde estava o verdadeiro poder.

No início, os empresários de Bombaim mantiveram uma distância diplomática das conversações nacionalistas em desenvolvimento. Essas eram, em maior parte, reservadas ao crescente quadro de intelectuais de classe média da Índia, que se sobrepunham parcialmente aos altos escalões de administradores autóctones. Em sua maioria, a comunidade empresarial indiana permaneceu pragmática e mostrou pouco compromisso ideológico com a causa nacionalista borbulhante, à medida que prosperava a partir das redes comerciais do Império. Os Tata, então uma das famílias mais dinâmicas e bem-sucedidas de Bombaim, não foram exceção. Embora Jamsetji Tata fosse próximo de alguns dos principais pensadores e organizadores do movimento do Congresso Nacional Indiano, ele próprio voou abaixo do radar político, disposto a trabalhar com a administração colonial. Tata prosperou tanto nos círculos do Império que ele e seus filhos até entraram triunfantes em seu centro: Dorabji foi para Cambridge, e depois se juntou ao irmão, Ratan, na obtenção do título de cavaleiro.

A longo prazo, contudo, a posição política dos Tatas assemelhava-se mais à de um dos governantes-subalternos da periferia interior de Roma do século IV, cujos filhos eram frequentemente levados para a corte imperial como reféns, e à dos Ausônios ou Vanderbilts, que se fundiram perfeitamente à classe dominante imperial. Lá eles recebiam educação romana e eram tratados com toda cortesia possível, mas apenas enquanto o acordo diplomático vigente se mantivesse. Ao contrário dos Ausônios ou dos Vanderbilts, o casamento nos escalões sociais superiores do Império não era uma opção (nem para os príncipes dos alamanos nem para os Tatas) e, como os desenvolvimentos subsequentes deixaram claro, eles eram bem-vindos na corte imperial apenas enquanto não ameaçavam os interesses daqueles que estavam muito mais próximos do centro do poder imperial.

No final do século XIX, os proprietários de moinhos de Bombaim começaram a parecer rivais potenciais aos olhos das suas contrapartes lancastrianas. Como resultado, os membros da comunidade empresarial indiana, que se viam como súditos iguais dentro de um grande sistema imperial, descobriram que alguns dos principais atributos do "britanismo" não se aplicavam a eles. O próprio nacionalismo de Tata, por exemplo, foi despertado pela primeira vez em 1894, quando a Grã-Bretanha impôs uma taxa sobre o algodão indiano, levando-o a se queixar amargamente, ainda que em particular aos colegas, do "falso imperialismo que só tinha consideração pelos ingleses".

Mesmo assim, durante as décadas seguintes o nacionalismo continuou a atrair mais intensamente os intelectuais e funcionários públicos da Índia, que enfrentavam obstáculos mais imediatos à ambição pessoal, uma vez que o poder político ainda estava, em última análise, reservado aos funcionários da metrópole. Os líderes nacionalistas sem interesses comerciais substanciais sentiam-se mais livres para experimentar ideologias radicais. O Congresso Nacional Indiano não foi exceção, atraindo um grupo significativo de socialistas que, após a Primeira Guerra Mundial, foram seduzidos por um modelo de capitalismo liderado pelo Estado turco e por um planejamento centralizado soviético. E à medida que o Congresso se tornava cada vez mais radical, a classe empresarial de Bombaim moderou o seu apoio, encorajada por uma administração colonial que tentava fazer amigos onde podia. Mas na década de 1930, em parte sob a influência de líderes mais conservadores que tinham laços estreitos com famílias empresariais indianas proeminentes, o Congresso suavizou novamente a sua retórica socialista. Isso aconteceu no mesmo momento em que o governo imperial intensificou políticas protecionistas a favor dos proprietários de moinhos lancastrianos, que passavam por dificuldades em meio à Grande Depressão. A coincidência finalmente consolidou os laços entre as empresas indianas e o Congresso: era o início de uma bela amizade. O Congresso obteve apoio financeiro para as suas campanhas políticas, enquanto as empresas esperavam colher os devidos benefícios da política industrial liderada pelo Estado, planejada pelo Congresso para a independência do país.

A Índia possuía uma civilização antiga com poderosas tradições culturais nativas que, especialmente quando mobilizadas junto aos lucros do Império, acumulados por suas comunidades empresariais, foram capazes de gerar, desde cedo, um movimento nacionalista eficaz. Mas seus padrões básicos eram uma característica recorrente da renovada agitação anticolonial que afetava grandes áreas dos antigos impérios europeus, em meados do século XX. Boa parte dela foi impulsionada por classes profissionais nativas, muitas vezes compostas por funcionários públicos e gestores instruídos, mas estruturalmente subordinados, que procuravam quebrar o teto de vidro que bloqueava seu caminho para o topo. Em contextos periféricos internos, classes empresariais cada vez mais prósperas, mas ainda parcialmente marginalizadas, constituíram aliadas naturais, antecipando os lucros pós-independência que políticas governamentais favoráveis poderiam impelir em sua direção.

A longo prazo, portanto, as periferias internas, tanto do antigo sistema romano quanto do moderno sistema imperial ocidental, experimentaram padrões semelhantes de convulsão política, respectivamente em meados do século IV e no período entre guerras do século XX. Ainda que em nada parecida com a das províncias totalmente emancipadas que acabaram por entrar no núcleo imperial original, uma riqueza considerável foi recolhida das mãos de grupos específicos nas periferias internas antigas e nas modernas, para gerar uma mudança inevitável nos padrões prevalecentes de poder político, tanto dentro das próprias periferias quanto no equilíbrio geral de poder entre essas periferias e o centro imperial. Novas riquezas sempre reorganizam os equilíbrios de poder existentes, criando novos blocos de poder com a capacidade e a necessidade de fazer valer os seus interesses.

Na era romana, quando a classe social poderosa da periferia já estava substancialmente militarizada, a ligação entre riqueza e poder era muito direta. Monopolizar uma percentagem significativa da nova riqueza acumulada na periferia exigiu maior aplicação da força existente e o aumento da capacidade militar, possibilitando aos líderes bem-sucedidos apoiar mais soldados e fornecer-lhes equipamento superior, disponibilizado por meio dos contatos romanos. No século XIX e no início do século XX, uma combinação de riqueza, novas ideologias assertivas e conhecimentos administrativos, em vez da mera capacidade militar, fortaleceu as elites nativas emergentes.

Mas o efeito político geral foi comparável: trouxe à tona novas forças nativas, que foram mais capazes de combater o exercício contínuo do poder imperial direto. E se a capacidade militar não foi tão central para o processo moderno de evolução política periférica como tinha sido para o processo antigo, duas guerras mundiais desempenharam, no entanto, um papel diretamente catalisador nos movimentos nacionalistas e de independência das periferias internas modernas. Durante esses períodos de conflito sem precedentes, os governos imperiais estavam preocupados com os acontecimentos na Europa, ao mesmo tempo em que faziam pesadas exigências aos seus recursos coloniais. Durante as duas guerras mundiais, por exemplo, a França enviou para o campo de batalha várias centenas de milhares de súditos das suas colônias africanas, enquanto a Grã-Bretanha recrutou mais de dois milhões de soldados só da Índia. O enfraquecimento temporário *de facto* do poder imperial, entre 1914 e 1918, ocorreu em uma altura em que os movimentos nacionalistas eram, na sua maior parte, ainda embrionários. Mas quando eclodiu a Segunda Guerra Mundial, muitos movimentos nacionalistas estavam bem estabelecidos o suficiente para explorar os problemas enfrentados pelo centro imperial — principalmente na Índia. Já na década de 1930, Mahatma Gandhi, em particular, ajudou a transformar o movimento do Congresso Nacional da Índia em uma força ampla, coerente e bem organizada, capaz de realizar o tipo de protesto civil generalizado, embora pacífico, que caracterizou a famosa Marcha do Sal de 1930. Por mais de 24 dias e 380 quilômetros, a Marcha do Sal desafiou o controle monopolista da administração imperial sobre o fornecimento de sal, falhando nos seus objetivos imediatos, mas, por fim, conseguindo transformar o movimento de independência em uma causa popular de base ampla, bem como ganhar considerável simpatia no exterior. Por mais que Winston Churchill quisesse ignorar Gandhi, a quem se referia com desprezo e sarcasmo como um "faquir seminu", ele não teve outra opção, senão negociar com Gandhi e com o movimento que ele tinha despertado.

Contra este pano de fundo de uma periferia interior que já se tornava mais assertiva, o abalo na ordem imperial global causado pela Segunda Guerra Mundial teve um impacto substancial no impulso para a independência nas colônias. Após o segundo conflito massivo em uma geração, os antigos impérios europeus depararam-se com níveis colossais e sem precedentes de dívida pública, necessitando tanto de resgates substanciais para financiar a reconstrução interna, quanto para reduzir as suas despesas anuais. Mas a única fonte disponível de dinheiro era os Estados Unidos. A América estava disposta a fornecer fundos, em princípio, mas — como convinha à sua história de primeira colônia a libertar-se do domínio imperial europeu — não estava, de forma alguma, disposta a financiar o que considerava ambições imperiais ultrapassadas. Junto a seu rival, a União Soviética, os EUA defenderam durante décadas o princípio da autodeterminação, contra o direito de conquista que sustentava a herança colonial da Europa (considerando, é claro, que aqueles que procuravam a autodeterminação não estivessem no próprio quintal da América).

Os britânicos, franceses e holandeses queriam manter os seus impérios e, em alguns casos, entraram em guerra para retomar (ou tentar retomar) colônias que os pressionavam por independência. No entanto, descobriram depois de 1945 que o equilíbrio entre custos e benefícios — em parte financeiro, em parte ideológico — passou a oscilar fortemente contra a manutenção do controle direto de grandes grupos de colônias. Os movimentos nacionalistas locais eram, então, mais capazes de mobilizar apoio suficiente entre as populações locais, justificando-se por meio de suas recentes contribuições em prol do esforço coletivo de guerra imperial, para tornar muitas das colônias do Ocidente cada vez mais desafiadoras e, portanto, caras para se governar. Além disso, o dinheiro americano falava. Os 15 bilhões de dólares que a América distribuiu no Plano Marshall (equivalente a cerca de dez vezes mais, no dinheiro atual), complementados por um extenso investimento privado americano na Europa e pelo acesso irrestrito aos mercados da América, foram essenciais para os países europeus que procuravam restaurar as suas economias destroçadas. Acrescentando a tudo isso a determinada não cooperação americana, com aventuras imperiais contínuas, como a tentativa britânica e francesa de retomar o Canal de Suez do Egito, em 1956, ficou claro que o antigo imperialismo europeu chegaria ao fim. Mais e menos voluntariamente, e mais e menos pacificamente, as potências ocidentais entregaram o controle direto das suas colônias, nas décadas após 1945, às elites locais que tinham se tornado fortes na era imperial.

Mas, embora essa progressão histórica possa, de início, parecer enquadrar-se em uma narrativa feliz do excepcionalismo americano, a primeira nação a libertar-se do jugo do imperialismo britânico e a ajudar outras a fazer o mesmo, isso é apenas metade da história. Na realidade, o processo de descolonização formal não representou o fim do imperialismo ocidental, mas a sua expressão renovada e altamente criativa. Tal como o sistema imperial romano adaptou as suas ações para contemplar as confederações mais poderosas que suas próprias operações tinham gerado, embora ainda exercesse controle máximo, mesmo em meio à descolonização o sistema imperial ocidental continuou a dominar a grande maioria de sua antiga periferia colonial por meio de novos mecanismos. A estrutura institucional subjacente a essa fase culminante do imperialismo ocidental emergiu de longas discussões, presididas pelos norte-americanos em uma pequena cidade de New Hampshire, no verão de 1944.

BRETTON WOODS

Em julho daquele ano, enquanto as forças aliadas lutavam para sair da cabeça de praia da Normandia e a Segunda Guerra Mundial entrava no seu ato final, o governo dos EUA reuniu os seus aliados na cidade turística de Bretton Woods. O objetivo era traçar um modelo para a arquitetura financeira do mundo pós-guerra. Dois homens se destacavam: John Maynard Keynes representava a Grã-Bretanha; Harry Dexter White, os Estados Unidos. Trabalhando juntos discretamente ao longo dos 2 anos anteriores, tinham chegado a um amplo acordo sobre muitas questões, mas estavam presos a um ponto principal de divergência. Ambos concordavam com a necessidade de uma moeda padrão única, com a qual todo o comércio mundial seria então conduzido, de modo a promover uma fluidez de câmbio muito maior do que nos anos da Grande Depressão antes da guerra, e que essa moeda precisava ser apoiada pelo ouro para garantir estabilidade e confiança. Mas Keynes queria restaurar o *status quo ante*, na medida do possível. Se a Grã-Bretanha mantivesse o seu império, suas colônias conduziriam o comércio externo em libras esterlinas e depositariam suas reservas em Londres, ajudando a manter o papel há muito estabelecido da libra como uma das principais moedas de reserva do mundo. Isso teria a vantagem adicional de manter baixo o custo do empréstimo no Reino Unido, o que aumentaria a reserva de dinheiro no sistema bancário britânico e permitiria à Grã-Bretanha contar com os seus próprios recursos para financiar a reconstrução do pós-guerra. White, no entanto, querendo transferir o centro das finanças globais para os Estados Unidos, defendeu os méritos do dólar americano. Para fornecer a garantia necessária, propôs fixar sua taxa de câmbio diante do estoque de barras de ouro mantido no depósito seguro dos EUA, em Fort Knox, que então guardava cerca de quatro quintos das reservas mundiais de ouro.[8]

No final, White conseguiu o que queria. O fato de sua saúde estar debilitada não ajudou Keynes, mas, de qualquer forma, as cartas estavam contra ele. A América pagava efetivamente a maior parte das contas de guerra imediatas, e também desfrutava de uma vantagem estrutural temporária, mas enorme. Dada a destruição generalizada da base econômica da Europa, quando a guerra terminou os EUA representavam um terço da produção mundial e metade da produção industrial. Isso significava que todos estavam ansiosos por obter bens americanos, em especial os bens de capital de que necessitavam para reconstruir suas casas, fábricas e infraestrutura. Isso, por sua vez, exigiu a obtenção de tantos dólares norte-americanos que os países rapidamente acharam mais conveniente fazer negócios entre si também nessa moeda, mesmo depois de suas economias terem começado a se recuperar.

Os acordos de Bretton Woods resultantes criaram uma série de instituições para garantir que a economia global do pós-guerra funcionasse com o mínimo possível de limitações ao comércio e aos fluxos de capitais, ao mesmo tempo em que protegia o domínio contínuo das potências ocidentais. Em primeiro lugar, o Acordo Geral de Tarifas e Comércio (GATT) fez os Estados-membros se comprometerem com um regime de reduções tarifárias que impediria o mundo de regressar às economias fechadas dos anos da Grande Depressão, reduzindo gradualmente os impostos sobre as importações cobradas pelos governos. Em segundo lugar, o Fundo Monetário Internacional (FMI) foi criado como um fundo global de emergência, ao qual os Estados-membros pagariam contribuições anuais. No caso de se depararem com deficits de curto prazo na balança de pagamentos, durante os quais importassem mais do que exportavam e, portanto, ficassem sem dólares, poderiam recorrer ao Fundo para obter assistência. E se as suas dificuldades de pagamento se revelassem mais intratáveis, o FMI interviria como credor de último recurso, oferecendo empréstimos mais substanciais, em troca da implementação de um conjunto prescrito de soluções financeiras. Nem é preciso dizer que o fundo não foi concebido para financiar utopias socialistas. A ideia final da conferência foi o Banco Mundial. Originalmente destinado a financiar a reconstrução da Europa devastada pela guerra, o banco logo voltou sua atenção para o desenvolvimento capitalista na periferia, à medida que os novos Estados emergentes da descolonização do pós-guerra começaram a bater à porta. Completando a nova ordem mundial estavam as Nações Unidas. Criada separadamente do regime financeiro de Bretton Woods em 1945, a Organização das Nações Unidas, no entanto, ajudou a consagrar o domínio das potências aliadas, e estava sediada — para que não houvesse dúvidas sobre o novo centro do Império — em Nova York.

Apenas 2 anos após o fim da guerra, a Índia declarou independência, dando início à descolonização dos impérios britânico, francês e holandês. Mas, embora poucas dessas novas nações pós-coloniais tivessem participado na Conferência de Bretton Woods,[9] quase todas aderiram aos seus quadros institucionais. Além da legitimidade que seus governos ganhariam ao assumirem assentos nas Nações Unidas ou ao tornarem-se acionistas do FMI e do Banco Mundial, a grande maioria do capital de investimento disponível de que necessitavam para financiar seus próprios ambiciosos projetos de desenvolvimento encontrava-se no Ocidente. A União Soviética tentou criar um bloco econômico comunista rival — o Conselho de Assistência Econômica Mútua, ou COMECON —, mas era demasiadamente mal financiado para oferecer real assistência prática a seus Estados membros. Os mercados ocidentais, pelo contrário, eram centros de procura ricos e em expansão, e quando, nas décadas de 1950 e 1960, suas economias se recuperaram, voltaram a ter recursos financeiros. Muitos dos novos governos emergentes na periferia, rejeitando naturalmente a herança da dominação imperial, falaram em não alinhamento. Na prática, a necessidade econômica os deixou firmemente enraizados no campo ocidental.

Além da influência considerável que as potências ocidentais poderiam exercer sobre esses novos Estados individualmente — através de ajuda financeira, influência diplomática, atividades secretas para apoiar ou opor-se a um governo e pressão militar, como bloqueios portuários —, no coletivo as potências ocidentais poderiam pressionar os governos do mundo em desenvolvimento ainda mais fortemente para seguir as regras. As decisões na Assembleia Geral das Nações Unidas foram tomadas com base no princípio de "um país, um voto", o que favoreceu a infinidade de novos Estados. Mas as votações no Conselho de Segurança, que poderiam autorizar o uso da força, deram vetos aos seus cinco membros permanentes: os EUA, a União Soviética, a França, a China (representada até 1971 pelo governo de Taiwan) e a Grã-Bretanha. Ainda mais importante, a votação no FMI e no Banco Mundial foi conduzida como nas empresas privadas, com o tamanho da participação ditando o peso da influência. Os Estados Unidos, como maior contribuinte, tinham quase um quarto dos votos e, entre eles, as potências ocidentais controlavam todas as decisões-chave. Eles nem sempre concordavam — observe o fiasco do Suez, em 1956 —, e a natureza precisa das relações com a China ou a União Soviética variava de um país ocidental para outro. Mas, nos princípios fundamentais que regem a economia política global — comércio liberal, propriedade privada, intercâmbio de mercado —, eles encontraram uma causa comum.

Fundamentalmente, Bretton Woods institucionalizou uma ordem comercial global, na qual o fluxo líquido de recursos globais continuou a mover-se da antiga periferia imperial da economia global em direção ao seu centro imperial ocidental. O padrão predominante de desenvolvimento mundial, tal como se apresentava em 1945, significava que a indústria de manufatura permaneceu, de início, fortemente concentrada no Ocidente desenvolvido. Um regime comercial liberal de bens manufaturados permitiu, assim, que as empresas ocidentais dominassem os mercados mundiais de bens industriais, uma vez que quaisquer start-ups na periferia teriam dificuldades para competir com as empresas muito mais desenvolvidas e mais bem capitalizadas, que detinham um controle restrito sobre a experiência em fabricação. Em princípio, os países em desenvolvimento poderiam consolidar as suas próprias economias, exportando produtos agrícolas e primários de volta para o Ocidente. Mas, como os agricultores constituíam um eleitorado político muito importante nos países ocidentais, com o seu patrimônio reforçado pelas recentes experiências de fome na Segunda Guerra Mundial, os acordos originais do GATT não liberalizaram o comércio de produtos agrícolas na mesma medida. Os fabricantes da periferia lutaram para competir internamente com as importações ocidentais, enquanto seus agricultores enfrentavam obstáculos consideráveis na expansão da cota de mercado entre os consumidores ocidentais.

No mesmo período, a mudança para o dólar como unidade contábil deslocou progressivamente o centro da economia mundial da

Grã-Bretanha para a América. Londres continuou a ser um dos principais centros bancários do mundo, mas a sua posição no ápice das finanças globais foi logo cedida a Nova York.[10] Em 1945, quase nove décimos das reservas mundiais de moeda estrangeira eram constituídas por libras esterlinas e, portanto, depositadas em bancos britânicos (uma vez que apenas os bancos registados na Grã-Bretanha podiam prestar serviços de conta em moeda britânica). Ao longo dos 25 anos seguintes, esse número caiu para menos de um décimo, seu lugar ocupado principalmente pelo dólar norte-americano, que em 1970 representava cerca de três quartos das reservas mundiais.

À medida que as reservas depositadas nos bancos de Nova York aumentavam, o conjunto de poupanças disponíveis para os EUA crescia. Todo esse dinheiro depositado em contas bancárias norte-americanas teve de ser utilizado, uma vez que os governos que os detinham recebiam juros. Grande parte foi emprestada aos EUA e, uma vez que seu governo não teve de oferecer condições especialmente generosas para atrair fundos suficientes, o efeito global foi manter as taxas de juros baixas em todo o sistema bancário norte-americano. Melhor ainda, a economia norte-americana desfrutava, então, o que equivalia a um subsídio anual para o resto do mundo. Embora, em princípio, qualquer governo com dólares norte-americanos em suas reservas pudesse pedir ao governo dos EUA que os trocasse pelo equivalente em ouro do Fort Knox (a uma taxa fixa de US$35 dólares por onça), na prática, aparentemente todos os governos, mesmo os comunistas, poucas vezes se incomodavam: era mais fácil deixar esses dólares depositados em contas bancárias nos EUA, em vez de transportar todo aquele ouro pesado pelo mundo, de volta para os seus próprios cofres — onde, além disso, teriam de guardá-lo. Quando os governos negociavam entre si, apenas movimentavam seus dólares através das respectivas contas bancárias nos EUA, um processo muito mais rápido e fácil do que o envio de ouro físico.

Isso criou uma situação na qual qualquer país que desejasse obter dólares norte-americanos precisava de produzir algo que pudesse vender, enquanto os EUA poderiam, se necessário, apenas imprimir mais dinheiro. 25 anos após a guerra isso foi feito com satisfação, gerando cerca de três vezes mais dólares do que havia em reservas de ouro.[11] Essencialmente, o Tesouro dos EUA deu a outros governos o que equivalia a notas promissórias, as quais acabaram por manter, em vez de resgatar. Com o tempo, quando se tornou evidente que todos estavam satisfeitos em apenas criar essas notas promissórias virtuais e trocá-las entre si, o Tesouro perdeu qualquer necessidade de recuperá-las, podendo simplesmente sacá-las do nada. Embora outros governos tenham ocasionalmente reclamado desse "privilégio extraordinário", ninguém levantou quaisquer objeções sérias. Os governos periféricos não podiam fazer muito a respeito — geralmente precisavam de uma moeda forte mais do que qualquer outro —, enquanto governos ocidentais, em última análise, se beneficiavam do pesado investimento pós-guerra de empresas norte-americanas na Europa. Com efeito, o que outros países ocidentais deram aos EUA regressou diretamente para eles. Mas, como o investimento norte-americano na periferia foi muito mais limitado nas décadas após a guerra, foram de fato os países periféricos que perderam — dando efetivamente seus produtos de graça à América, que depois eram redistribuídos por todo o núcleo da economia mundial.

Além dessas vantagens específicas para os EUA, todas as antigas potências imperiais se beneficiaram do fluxo líquido unidirecional de riqueza global após 1945, ao mesmo tempo em que transferiam os custos da administração política colonial para os novos Estados independentes, criando (para estes) uma situação de vitória. As medidas tomadas por muitos dos novos Estados para aumentar seu desenvolvimento econômico intensificaram inadvertidamente o fluxo. Optar por estratégias de industrialização que reduzissem a necessidade de tantas importações de produtos fabricados no Ocidente a longo prazo, como fizeram muitos deles, exigiu que os países em desenvolvimento comprassem tecnologia ocidental e aumentassem suas exportações de matérias-primas para cobrir os custos. Isso simultaneamente inchou o mercado para as exportações ocidentais e manteve baixo o preço dos alimentos e matérias-primas importados. O controle político imperial formal desapareceu, mas um sistema econômico imperial (ou o que foi muitas vezes chamado de "neocolonial") continuou a funcionar, beneficiando materialmente o centro. Como resultado, a proporção da renda per capita entre o "Ocidente e o resto" aumentou: de cerca de trinta para um em 1950, passou para aproximadamente o dobro no final do século. A descolonização formal nem de longe anunciou o fim da dominação global ocidental. As operações práticas do sistema de Bretton Woods não só redefiniram o Império Ocidental como um clube de nações privilegiadas chefiadas pelos Estados Unidos, mas também permitiram que estes enriquecessem ainda mais no pós-guerra, continuando a colher os frutos do que permaneceu como uma ordem comercial e financeira profundamente colonial.

A recém-descoberta independência política dos muitos novos Estados do mundo não foi uma farsa, longe disso. O desenvolvimento econômico e político a longo prazo na era colonial acabou por fortalecer grande parte da periferia, a ponto de torná-la capaz de afirmar o domínio interno e de se livrar do controle imperial direto. Em alguns países, como no Vietnã, na Argélia e na Indonésia, isso exigiu revoltas violentas contra o domínio imperial. Mas, na maior parte, isso foi feito através de negociação, pois os impérios europeus reconheceram que o seu tempo havia acabado. No período após 1945, os novos Estados criados por tal processo começaram a gozar de verdadeira liberdade, com condições para decidir os seus próprios assuntos. Mas o entendimento implícito era de que o fariam dentro da rubrica de um sistema econômico global dominado pelas potências ocidentais, lideradas pelos Estados Unidos. Houve folga suficiente dentro do sistema para que os Estados afirmassem algumas das suas próprias agendas sem represálias ocidentais, como constataram os anteriores governos chilenos, na década de 1960. Mas se ultrapassassem os limites da sua autoridade, ameaçando romper completamente com o sistema ocidental, o peso da sua hegemonia contínua seria exercido com força decisiva, como descobriram, da maneira mais difícil, o presidente chileno, Salvador Allende, e seus seguidores.

Allende cometeu o erro fatal de subestimar o peso econômico do bloco soviético e o grau em que as ligações socialistas poderiam atuar como contrapeso ao Império Ocidental. Na realidade, o Ocidente dominou a economia mundial, sendo responsável pela grande maioria de sua produção, rendimento e mercados. Os problemas estruturais da economia russa, junto a sua determinação em manter forças armadas do tamanho de superpotências, minaram constantemente o crescimento e restringiram os recursos disponíveis para apoiar ambições diplomáticas. Apesar de uma fachada de conquista científica, simbolizada pelo satélite Sputnik e pela primeira viagem de Yuri Gagarin para o espaço, em 1961, a dependência soviética da exportação de matérias-primas, como petróleo e gás natural, fez com que a sua economia se assemelhasse mais à de um país em desenvolvimento na quantidade de riqueza que poderia gerar, tornando-a, na melhor das hipóteses, uma evidente rival dos EUA e dos seus aliados. Esse "Alto Volta com mísseis" estava tão necessitado de dinheiro que apoiar Cuba depois da revolução de 1959 esgotou a maior parte dos seus recursos, e mesmo os soviéticos precisaram de dólares americanos para conduzir o comércio exterior fora do bloco do COMECON. Essa fraqueza econômica, combinada com a divisão entre a China e a Rússia que ressurgiu, novamente, devido a tensões históricas a partir de meados da década de 1950 (resultando em um surto de guerra fronteiriça real, embora não declarada, em 1969), por certo frustrou a formação de um bloco comunista global para rivalizar com o Ocidente. Inevitavelmente, portanto, quando Allende recorreu a Moscou em busca de apoio recebeu palavras amistosas e um pouco mais.[12]

Tal como a Roma do século IV, o Ocidente pós-1945 ainda conseguia controlar, em grande parte, os Estados-clientes mais robustos da sua periferia interior, enquanto sua própria prosperidade interna florescia como nunca. Em nenhum dos casos, porém, essa feliz situação representou um ponto final no desenvolvimento dos respectivos sistemas imperiais. As ambições iniciais de periferias internas assertivas tinham sido efetivamente contidas, mas desafios muito maiores para a continuação do domínio imperial teriam, em breve, origem em outros lugares.

PARTE 2

5

As Coisas Desmoronam

Os sistemas imperiais desmoronam por todo tipo de razão. Alguns são conquistados. Os mongóis saíram das estepes da Eurásia para acabar com o domínio Song sobre a China, em 50 anos de uma campanha brutal. Alguns desmoronam devido à fraqueza estrutural interna. O Império Carolíngio — centrado na França, na Alemanha Ocidental e na Itália — foi basicamente um movimento expansionista de três gerações, estruturado em uma vantagem militar momentânea, que entrou em colapso tão rapidamente quanto surgiu. O fim do Império Romano Ocidental não se enquadra em nenhuma dessas categorias simples.

Estrangeiros armados, vindos de além das fronteiras — povos que os romanos consideravam "bárbaros" —, tiveram algo a ver com isso. Por volta de 500 d.C., a grande maioria dos territórios do antigo Império Ocidental estava sob o controle de grupos militarizados de bárbaros, que tinham atravessado a fronteira no decurso do século anterior. O centro e o sul da Grã-Bretanha eram divididos entre líderes de bandos de guerra anglo-saxões, do outro lado do Mar do Norte. O norte da Gália era governado por dinastias francas merovíngias, e o sudeste da Gália pertencia aos reis da Borgonha. Os monarcas visigodos reinaram sobre o sudoeste da Gália e a maior parte da Península Ibérica, suas contrapartes ostrogótica, Itália, Sicília e costa da Dalmácia. A grande cidade de Cartago e as províncias mais ricas do Norte de África eram controladas pela dinastia Hasding, à frente de uma coligação de guerreiros vândalos e alanos.

Mas muitos desses novos reinos não foram criados por simples conquista. A força militar estrangeira por detrás de dois deles — os reinos visigótico e vândalo/alano — já estava estabelecida em solo romano ocidental por volta de 410 d.C., mas o último pretendente ao trono imperial romano ocidental só seria derrubado depois de 70 anos. Da mesma forma, foi o próprio governo romano ocidental que, originalmente, estabeleceu os borgonheses em solo romano na década de 430, enquanto os reinos franco e ostrogótico passaram a existir apenas após a deposição de Rômulo Augusto — tradicionalmente considerado o último imperador romano ocidental —, em setembro de 476. O Império Romano Ocidental acabou nas mãos de dinastias bárbaras, mas essa não foi uma conquista mongólica.

Além disso, a queda do Ocidente foi apenas a primeira parte de um processo de duas fases de desmoronamento imperial. Em 500 d.C., a metade oriental do Estado romano — com os seus principais centros produtores de receitas na Ásia Menor, na Síria, na Palestina e no Egito — permanecia intacta e ainda exercia hegemonia sobre grande parte do Ocidente pós-romano. O reino da Borgonha (ainda que para seus próprios fins) reconheceu consistentemente a superioridade nocional dos governantes de Constantinopla nas primeiras décadas do século VI. E a partir do início da década de 530, o imperador oriental Justiniano (527–565) destruiu os reinos vândalo alano e ostrogótico, e até mesmo, no início da década de 550, anexou uma parte da costa sul da Península Ibérica. Cem anos depois, porém, a metade oriental do Império Romano também entrou em declínio.

O desmoronamento do Império Romano do Oriente começou com 25 anos de uma exaustiva guerra mundial contra o seu grande inimigo persa, no início do século VII. A falência resultante de ambos os Impérios criou, então, um contexto adequado para a expansão em grande escala das forças árabes recém-islamizadas, em meados do século, que destruíram totalmente o Império Persa e roubaram de Constantinopla a maioria de suas províncias mais ricas. Na década de 630, a expansão árabe engoliu a Síria e a Palestina. O pior aconteceu na década de 650, quando o Egito foi conquistado, enquanto o outrora rico litoral da Ásia Menor (lar de algumas das cidades mais famosas da antiguidade, como Éfeso e Sardes) foi transformado em um campo de batalha devastado: não mais uma terra de abundância, mas de fortificações e aldeias isoladas. Nesse ponto, o verdadeiro dano já estava feito, mesmo que houvesse mais conquistas por vir (o Norte da África cairia na década de 690). Como a própria Constantinopla conseguiu sobreviver, invicta, o fato de o século VII ter marcado o fim efetivo da metade oriental do Império

Romano é, por vezes, esquecido. Mas a conquista islâmica roubou dos governantes de Constantinopla cerca de três quartos das suas receitas, rebaixando o Império de uma verdadeira potência mundial para uma força regional no extremo oriente do Mediterrâneo. Na realidade, o novo Império Bizantino — nomeado em homenagem a Bizâncio, como Constantinopla era originalmente conhecida — era um Estado sucessor do Império Romano em si, tal como qualquer um dos reinos ocidentais: um Estado satélite, relutante do mundo islâmico, capaz de expandir-se um pouco depois, quando este vizinho mais poderoso enfrentava desordens internas, mas condenado a diminuir sempre que a unidade islâmica era restaurada.

Ao longo de dois séculos e meio, o completo desmoronamento do sistema imperial romano — como até mesmo um breve esboço deixa claro — envolveu interações complexas entre uma série de fatores díspares. É por isso que tantas explicações diferentes foram apresentadas para a queda de Roma ao longo dos anos. É também evidente que o moderno Império Ocidental não caiu, não cairá tão cedo e, de fato, nunca precisará cair da mesma forma que o seu antigo antecessor. A economia de Roma era fundamentalmente estacionária e agrária, o que transformou a riqueza e o poder de mais alto nível em um jogo de soma zero. Para que houvesse vencedores políticos tinha que haver perdedores. O poder baseava-se no controle de um estoque mais ou menos estável de ativos agrários; se o sistema começasse a enfrentar sérios desafios, não seria possível gerar grandes quantidades de novas riquezas para resolver os problemas através do aumento do número de vencedores. Isso é, novamente, muito menos óbvio no caso de sua contraparte ocidental moderna, cuja história, como vimos, tem sido caracterizada por séculos de crescimento econômico exponencial.

No entanto, há todos os motivos para supor que o ciclo de vida imperial do Ocidente moderno atingiu, no mínimo, um importante ponto crítico. No que é claramente muito mais do que um sinal, a sua participação no PIB global caiu mais de um quarto em menos de duas décadas. Nesse contexto, a comparação contínua com o desmoronamento do sistema romano — apesar das muitas diferenças de contexto e de detalhes precisos — ainda possui, poderíamos argumentar, grande poder explicativo. Mas a partir desse ponto, a comparação tem de proceder de forma um pouco diferente, uma vez que a queda de Roma está completa e a história futura do Ocidente contém muitas incógnitas, tanto conhecidas quanto desconhecidas. Portanto, não é possível continuar com uma simples comparação lado a lado. Apesar disso, um conjunto de padrões em desenvolvimento já é suficientemente claro no mundo moderno para possibilitar o uso da história romana e mostrar, em primeiro lugar, que o Ocidente está, atualmente, apenas no início do desenvolvimento do que será uma crise potencial, e até mesmo existencial, e em segundo lugar, que essa crise gira em torno dos mesmos componentes-chave que minaram sua antiga contraparte romana. O melhor modo de começar a análise é com um breve levantamento dos fatores-chave que originaram o colapso de Roma.

A ASCENSÃO DO NORTE

No verão de 773, Carlos Magno cruzou os Alpes e prendeu o rei lombardo Desidério dentro de sua capital, Pavia. O cerco durou até o verão seguinte, mas Desidério acabou sendo despachado para um mosteiro conveniente, e Carlos Magno, já rei dos francos e rapidamente coroado rei da Itália, aceitou a submissão da nobreza lombarda. Esse foi o início do Império Carolíngio. Embora não tenha alcançado nada parecido com a duração do seu antecessor romano, a ascensão de um novo centro do poder imperial europeu, no que tinha sido parte da periferia de Roma, ilustra um dos fatores-chave por trás do colapso imperial romano.

A base de poder econômico e demográfico de Carlos Magno estava situada no nordeste do reino franco, abrangendo ambos os lados da antiga fronteira romana e também um território no que é hoje noroeste de França, Benelux e oeste da Alemanha. No início do primeiro milênio, as populações dessas regiões eram demasiado fracas para resistir à conquista romana, ou eram tão subdesenvolvidas que os romanos decidiram que não valia a pena incorporá-las formalmente ao Império (p. 43). Em total contraste, Carlos Magno foi capaz de utilizar os então muito expandidos recursos demográficos e econômicos dessa região para conquistar extensões significativas de terras no Mediterrâneo. Embora o próprio Império Carolíngio não tenha durado, esse não foi um caso isolado. Os sucessores otonianos dos carolíngios no século X, cuja base de poder ficava ainda mais a leste, entre o Reno e o Elba, usaram os recursos do norte para conquistar novamente a maior parte da Itália no século X. No decurso do primeiro milênio, todo o equilíbrio geopolítico de poder em que o Império Romano se baseara — utilizando a riqueza e a mão de obra mediterrânea para conquistar o Norte — foi invertido, e o novo padrão, que tornou Carlos Magno possível, manteve-se amplamente válido desde então. O norte da Europa tem sido consistentemente o lar de populações e economias maiores e, portanto, tende a dominar o sul do Mediterrâneo.

A explicação para essa mudança decisiva no equilíbrio de poder europeu é simples. A Europa Mediterrânea abriga solos altamente férteis, leves, que eram mais fáceis de explorar na antiguidade sem equipamentos agrícolas caros e complicados. O Norte da Europa oferece recursos globais incomparavelmente maiores, mas os problemas tecnológicos envolvidos na exploração plena tanto dos seus solos mais úmidos e pesados, quanto dos seus extensos recursos marinhos, são mais complexos. Na época de Carlos Magno, a *carruca*, o clássico arado pesado do norte — uma enorme relha de ferro montada em uma carroça de quatro rodas, puxada por juntas de até oito animais — já estava entrando em uso, e a produtividade do norte aumentava; o equilíbrio do poder econômico e demográfico europeu começou a mudar.

Essa revolução estratégica de longo prazo deve ser considerada uma das maiores histórias de todo o primeiro milênio. Embora o Império Romano não tenha sido responsável por tudo isso, o Império de Carlos Magno representa o clímax de processos de desenvolvimento de longo prazo, que foram iniciados por quatro séculos de interação entre o centro romano e as suas periferias europeias. Na periferia interna, a produtividade agrícola e as densidades populacionais já tinham aumentado de forma significativa durante o período romano (Capítulo 3) e continuaram a evoluir posteriormente, até que, no século VIII, minaram a distribuição básica do poder sobre o qual a dominação romana, localizada no Mediterrâneo da Eurásia Ocidental, havia repousado.

Algumas das consequências políticas desse processo de desenvolvimento a longo prazo já eram visíveis no século III, gerando as confederações "bárbaras" mais poderosas que se expandiram para o antigo território imperial: no norte da Grã-Bretanha, entre o Alto Reno e o Danúbio, e na Transilvânia (p. 66). As entidades políticas situadas na periferia interna desempenharam um papel ainda maior no desmoronamento do sistema romano ocidental no século V. Os batalhões anglo-saxões, que prosperaram tão poderosamente na antiga Grã-Bretanha romana, originaram-se na periferia interior do noroeste de Roma, tal como o reino franco que Carlos Magno acabou por transformar em um Império. Embora essa transformação não tivesse atingido a maturidade no século V, ela havia ido longe o suficiente para ajudar no equilíbrio de forças contra a continuação da existência do poder imperial de Roma, localizado no Mediterrâneo.

COMPETIÇÃO DE SUPERPOTÊNCIAS

Uma escultura em uma rocha em Bishapur, no Irã moderno, retrata a submissão humilhante do cativo imperador romano, Valeriano, ao Shah-in-shah (rei dos reis) persa, Shapur I (240–272). Nas próprias palavras de Shapur, inscritas em três línguas ao redor do grande templo do fogo zoroastriano, em Naqsh-i Rustam:

> Quando fui estabelecido pela primeira vez no domínio das nações, César Gordiano reuniu um exército e marchou contra nós. Gordiano foi destruído, e o exército romano aniquilado. Os romanos proclamaram Filipe imperador, que veio pedir a paz, pagando um resgate de 500 mil denários por suas vidas; tornou-se nosso tributário. E o imperador mentiu novamente e fez injustiça à Armênia. Marchamos contra o Império Romano e aniquilamos um exército romano de 60 mil homens em Barbalissos. Na campanha [tomamos] 37 cidades. Na terceira contenda... o imperador Valeriano veio até nós. Havia com ele uma força de 70 mil homens... Nós o fizemos prisioneiro com nossas próprias mãos, assim como todos os outros comandantes do exército. Nessa campanha conquistamos 36 cidades.

Mobilizando os recursos humanos e econômicos do que hoje é o Iraque e o Irã de forma mais eficaz do que os seus antecessores arsácidas, a dinastia sassânida — à qual pertencia Shapur — construiu o seu controle sobre o Oriente Próximo ao longo do século III e já obtinha vitórias sobre Roma na época do pai de Shapur, Ardashir (224–240). Outro surto de expansão romana destruiu o controle arsácida no final do século II, que viu Sétimo Severo criar duas novas províncias — no que hoje é a Síria e o Iraque — e avançar a fronteira imperial para o sul e para o leste. Essa derrota abalou fatalmente os arsácidas, que governavam o mundo persa desde 247 a.C., e permitiu o triunfo dos sassânidas. A emergência da Pérsia Sassânida como uma superpotência concorrente de Roma deve ser vista, portanto, como a emergência de novas confederações nas periferias europeias, como uma resposta dinâmica, a nível regional, ao imperialismo romano. No caso persa, contudo, essa foi mais uma reorganização militar e política, em um mundo que tinha sido o lar de civilizações complexas desde o quarto milênio a.C., e não o tipo de expansão demográfica e econômica de longo prazo que sustentou o Império Carolíngio.

A guerra com a Pérsia acabaria por desempenhar um papel catalisador na perda do status de superpotência da Roma Oriental no século VII, mas já fora um fator no colapso ocidental do século V. A partir do século III, a reafirmação do status de superpotência pela Pérsia afetou consistentemente o Império Romano, de maneira muito mais profunda do que os problemas contemporâneos na periferia interior europeia, os quais levaram à ocupação do Alto Reno pelos alamanos ou à perda da Dácia na Transilvânia. Nenhuma das novas confederações europeias foi capaz de obter vitórias na mesma dimensão da destruição, por Shapur, de três grandiosos exércitos de campo romanos,[13] uma sequência catastrófica de derrotas que forçou uma reestruturação fundamental do sistema romano em resposta. Segundo estimativas conservadoras, o exército de Roma teve de expandir-se no decurso do século III em pelo menos 50% (alguns argumentam que duplicou). E, uma vez que o Estado romano gastara cerca de 75% das suas limitadas receitas fiscais com as forças armadas, uma expansão tão vasta no número de tropas representou uma enorme dor de cabeça fiscal, exigindo o aumento total da arrecadação de impostos em mais de um terço. Quando comparamos a dificuldade que os políticos modernos têm em aumentar as despesas com a saúde em 1% ou 2% — sendo que a saúde representa apenas cerca de 8% da despesa total do governo —, a escala do problema sistêmico criado pela Pérsia fica evidente.

Apropriar-se do que restava das antigas receitas da cidade (mudança que acabou por empurrar as elites provinciais, como Ausônio, para carreiras imperiais: Capítulo 2) foi uma resposta imediata, tal como a desvalorização progressiva do denário de prata. Essa era a moeda em que os legionários sempre eram pagos, e uma série progressiva de desvalorizações esteve na base da famosa hiperinflação da segunda metade do século III (p. 13). Devido ao enorme aumento no número de tropas, não havia mais metal suficiente no Império para cunhar moedas de prata pura em quantidades suficientes. Quando as soluções de curto prazo se revelaram ineficazes, a resposta estrutural de longo prazo foi um regime fiscal mais rigoroso e uma revolução nos salários do exército, que passou de moedas de prata para uma mistura de distribuições regulares de materiais em espécie (alimentos, equipamento e outros itens essenciais) e pagamentos ocasionais em ouro puro. Nas últimas décadas do século III, essas medidas produziram soldados romanos razoavelmente pagos, em número suficiente para contrariar as ambições sassânidas mais grandiosas.

Os exércitos romanos, renovados e reforçados, começaram a obter vitórias significativas no leste novamente na década de 290, mas a Pérsia Sassânida permaneceu uma superpotência: um concorrente permanente do sistema imperial romano, uma situação com a qual este nunca tinha sido confrontado anteriormente. Isso significava que uma enorme proporção dos recursos militares e fiscais disponíveis do Império tinha sempre de estar voltado na direção persa: algo entre um quarto e um terço de todo o corpo militar de Roma. Se algum elemento significativo dessas forças fosse deslocado para outro lugar, para lidar com outros problemas, os governantes da Pérsia geralmente aproveitavam a oportunidade para explorar a situação.

Pior ainda, a ascensão da Pérsia gerou efeitos estruturais importantes, que dificultaram ainda mais o funcionamento do sistema romano. Devido à lentidão das comunicações, as enormes forças que combatiam a agressão persa no leste exigiam um escrutínio político rigoroso, ou o seu comandante estaria sempre propenso a tentar subir na escala militar. Essa foi uma lição importante, aprendida da maneira mais difícil em diversas ocasiões no século III. Mas um imperador, presente para supervisionar a frente oriental, estava demasiado longe para controlar o outro centro principal da força militar romana, na fronteira do Reno, e para distribuir um apoio bem dirigido às elites ocidentais, cuja participação ativa fazia o sistema imperial funcionar. Assim, a partir do final do século III o poder imperial foi dividido, de maneira geral, entre pelo menos dois — e ocasionalmente mais — imperadores.

Esse resultado foi inevitável, como demonstraram várias tentativas fracassadas de governo absoluto no final do período romano, mas a divisão do poder imperial afetou materialmente o bom funcionamento do sistema. Nenhum governante controlava todos os seus recursos, e havia episódios regulares de tensão entre coimperadores — até aqueles da mesma família —, que periodicamente chegavam mesmo à guerra civil. Durante a maior parte do século IV, mais soldados romanos morreram lutando nessas guerras civis periódicas do que em batalhas contra os bárbaros europeus (embora o conflito contínuo com a Pérsia tenha lhes causado baixas em números ainda maiores). No geral, portanto, a ascensão da Pérsia reduziu a flexibilidade estrutural — em termos de recursos econômicos e demográficos — do sistema romano para lidar com outros problemas, e tornou mais difícil a mobilização desses recursos de forma unificada. O significado de ambos os desenvolvimentos logo se tornaria claro, quando ameaças inteiramente novas surgiram no final do século IV.

CHOQUE EXÓGENO

No final do verão de 376, dois grandes grupos de bárbaros godos apareceram nas margens do Danúbio. Eles solicitaram asilo em troca de uma aliança militar. Um grupo, os tervíngios, foi admitido, mas o dos grutungos foi rejeitado: uma tentativa de contenção de danos. Totalmente engajado, a cerca de mil quilômetros a leste, em outro grande confronto com a Pérsia, passaram-se 2 anos até que o então governante do Império oriental, Valente, pudesse retirar seus exércitos de campo dali, e naquele momento ele não tinha tropas suficientes para afastar ambos os grupos góticos do território romano.

No final das contas, a tentativa de Valente de dividir e governar não deu em nada. Os tervíngios, uma vez dentro da fronteira, ficaram inquietos diante da escassez de alimentos. O problema foi agravado pelos romanos — que previram com clareza o potencial de problemas, agindo adequadamente —, os quais transferiram os suprimentos disponíveis para bases defendidas em que os godos não conseguiriam os capturar facilmente. O comandante romano local entrou em pânico, então, e lançou um ataque frustrado aos líderes godos que havia convidado para jantar: a gota d’água que empurrou os tervíngios para a rebelião. De qualquer forma, seus líderes mantinham contato com os excluídos grutungos, que agora também atravessavam o território romano, de modo que no início de 377 Valente enfrentou uma revolta gótica conjunta. Duas temporadas de campanha depois, Valente comprou a paz da Pérsia e finalmente ficou em posição de mover seu exército de campo para o oeste. O imperador avançou para os Bálcãs com uma tropa, enquanto o imperador ocidental, seu sobrinho Graciano, avançou para o leste para encontrá-lo com outra. Mas Graciano atrasou-se e Valente ficou impaciente, acabando por avançar para o norte, até Adrianópolis: a moderna Edirne, perto da fronteira entre a Turquia e a Bulgária. Batedores relataram que as duas tropas góticas se separaram para dividir o fardo de encontrar suprimentos, e que Valente esperava emboscar apenas os tervíngios. O relatório estava errado. Na manhã de 9 de agosto de 378, o exército de campo romano oriental entrou em ação, mas foi emboscado. Os grutungos também estavam presentes. No massacre resultante, o imperador e dois terços do seu exército foram massacrados. Essa sequência de eventos parece um exemplo clássico de invasão bárbara, e em certo sentido o foi, mas há outra dimensão muito mais importante na história.

Os godos não queriam invadir o Império Romano. Tal como acontece com os exemplos modernos de migração em massa, é importante nunca subestimar os enormes perigos e custos envolvidos em reunir seus pertences e dirigir-se para novas pastagens. Os godos que chegaram ao Danúbio em 376 faziam parte do sistema imperial mais amplo, ocupando terras na periferia interna durante quase 100 anos, mas foram postos em movimento por um choque exógeno: a intrusão predatória nos territórios godos por hunos nômades vindos da grande estepe da Eurásia. Os grutungos estiveram na linha da frente contra os hunos e resistiram durante algum tempo, mas acabaram por concluir que a vida no que hoje é a Ucrânia se tinha tornado insustentável. Começaram uma retirada organizada para oeste, que por sua vez desestabilizou seus vizinhos, os tervíngios. A razão pela qual os próprios hunos estavam em movimento não é explicada de forma convincente nas fontes antigas, mas amostras de núcleos de gelo recentemente analisadas sugerem que padrões climáticos incomuns no início da década de 370 geraram um longo período de seca na estepe. Isso teria colocado grande pressão sobre grupos nômades como os hunos, que dependiam dessas pastagens sempre marginalizadas para sustentar os seus rebanhos.[14] A verdadeira causa do problema gótico de Valente, portanto, não reside na periferia imperial interior, mas em um tsunami humano, desencadeado na periferia exterior e mais além, o que, após uma reflexão mais aprofundada, faz todo o sentido.

Os impérios não só desencadeiam involuntariamente a transformação política entre seus vizinhos imediatos, mas as populações menos diretamente envolvidas no sistema imperial também respondem de modo ativo aos perigos e oportunidades apresentados pela emergência de uma superpotência adjacente. No caso romano, isso tomou, periodicamente, a forma de grupos originários da periferia exterior da Europa — o mundo dos comerciantes de âmbar e de escravizados de Roma mais perto do Báltico, em vez dos seus fornecedores agrícolas que viviam perto da fronteira real —, que se reorganizaram ocasionalmente para tomar o controle de novas terras nas periferias imediatas do Império. Por exemplo, grande parte da ação europeia que causou a crise de Roma do século III — que, como vimos no capítulo anterior, terminou com um desgaste limitado do controle imperial direto para além das linhas fronteiriças do Reno e do Danúbio — teve suas raízes nesse exato padrão. Tanto os godos quanto os alamanos, que desempenharam um papel de destaque no combate, iniciaram o século III na periferia exterior de Roma, organizando-se ao longo desse período para conquistar novas posições lucrativas, muito mais próximas da fronteira do Império.[15] O que sempre atraiu a atenção dos comentaristas romanos foram as repercussões desses movimentos, em termos de ataques transfronteiriços, mas as raízes mais profundas da crise do século III situam-se muito mais longe. Os grupos periféricos internos eram, em geral, mais ricos e mais bem organizados, mas também eram controlados pelo Império, tornando muito menos provável que fossem a principal fonte de grave instabilidade no sistema como um todo.

A mesma dinâmica desempenhou um papel importante no eventual desmoronamento da metade ocidental do sistema imperial romano nos séculos IV e V. Nesse caso, os acontecimentos do final da década de 370, que fizeram não apenas os godos, mas vários outros grupos do Baixo Danúbio pegarem a estrada, representaram apenas a primeira parcela de uma crise muito maior, gerada pela expansão dos hunos da estepe ocidental para a estepe oriental e depois para a Europa Central. Uma geração depois de 376, um grande número de hunos mudou-se da periferia oriental da Europa, na Ucrânia, para a Grande Planície Húngara, no lado ocidental das montanhas dos Cárpatos; não está claro se isso foi por necessidade ou ambição. Isso provocou um segundo episódio de intensa instabilidade, que então afetou o setor centro-europeu do Médio Danúbio, nas fronteiras europeias de Roma. Em 405, uma grande força mista deixou essa região — movendo-se para o sul através do que hoje é a Áustria — para invadir a Itália, sob a liderança de um rei gótico chamado Radagaiso. Eles foram seguidos em território romano no final de 406 por uma aliança extremamente ampla, embora frouxa, de vários grupos da mesma região do Médio Danúbio, com quatro componentes principais: alanos nômades, sob vários reis; dois grupos separados de vândalos; e um corpo variado de suevos. Os alanos foram os vizinhos orientais dos godos na Ucrânia na década de 370, mas foram deslocados para o oeste nesse ínterim; os outros participantes eram residentes de longa data na Europa Central. Esta segunda força escolheu uma rota diferente para o território romano, atravessando o Alto Reno até a Gália no último dia de 406, mas ambas, é provável, estavam em trânsito para escapar dos hunos, que estavam firmemente estabelecidos em seus antigos domínios na Grande Planície Húngara, por volta de 410.[16]

Portanto, a crise do final do século IV e início do século V, tal como a do III, foi fundamentalmente uma dose de choque exógeno enraizado na periferia exterior do sistema romano e para além dela, mesmo que os grupos periféricos internos tenham sido, em grande parte, os impelidos para o conflito direto com o Império. E embora o sistema romano tivesse tido flexibilidade ainda suficiente para lidar com crises anteriores desse tipo, apenas com perdas de território em pequena escala, os efeitos secundários da expansão huna causaram problemas muito maiores. Nessa fase, a ascensão da Pérsia não só tinha desgastado grande parte da capacidade de produção disponível aos governantes de Roma, mas, uma vez que tantos grupos bárbaros diferentes foram deslocados para solo romano, o próprio sistema começou a sofrer ainda mais perturbações, em uma escala sem nenhum precedente.

A resposta inicial dos imperadores romanos à chegada de um grande número de estrangeiros não convidados, muitos deles armados e bem organizados, foi — sem surpresa — hostilidade e suspeita. Tal como aconteceu com Valente e os godos em 376, isso geralmente levava a um confronto militar, e os esforços de Roma tinham sucesso substancial com frequência. Embora os godos de 376 tenham, em fim, obtido uma vitória impressionante em Adrianópolis, eles sofreram grandes perdas no período anterior, em que houve a eliminação em massa de subgrupos dispersos, enviados em expedições de coleta de alimentos. A batalha em Adrianópolis também lhes custou muito, assim como os 4 anos posteriores de guerra indefinida, que precederam o acordo de paz que enfim negociaram com o Império, em outubro de 382. Na geração seguinte, a invasão da Itália por Radagaiso foi rapidamente neutralizada no verão de 406. Muitos dos seus seguidores militares de elite foram conquistados por um acordo com o Império, que os viu convocados para o exército romano às custas tanto do seu líder — que foi executado fora de Florença —, quanto de muitos dos seus colegas menos afortunados e de patente inferior. Tantos destes últimos foram vendidos que o mercado italiano de escravizados entrou em colapso. Uma resposta eficaz aos vândalos e alanos que cruzaram o Reno no final de 406 levou mais tempo para ser organizada, e quando o foi, os membros da aliança haviam se mudado para a Espanha romana e dividido suas províncias entre si. Em meados da década de 410, no entanto, uma série de contra-ataques romanos punitivos acabaram com a independência dos vários grupos alanos e também de um dos dois grupos vândalos — os silingos —, eliminando completamente as suas dinastias reais, por batalha ou captura.

Por mais substanciais que tenham sido, nenhum desses sucessos militares foi suficiente para neutralizar o problema geral criado pelos grupos "bárbaros" deslocados e, sob um aspecto importante, pioraram-no. Confrontados com contra-ataques romanos periodicamente eficazes, os sobreviventes dos conflitos iniciais reorganizaram-se em confederações maiores e mais coerentes: exatamente o que precisavam fazer para sobreviver face ao poder militar romano. A distinção original entre tervíngios e grutungos desapareceu em solo romano. A partir da década de 380, os romanos enfrentaram uma força gótica unida (comumente chamada de visigodos) que, sob a liderança do rei Alarico (c. 395–411), moveu-se em definitivo para o oeste em 408, buscando explorar o caos gerado pelas invasões combinadas de Radagaiso e da confederação do Reno. Uma vez lá, Alarico recrutou muitos sobreviventes da invasão de Radagaiso: tanto elementos de elite originalmente convocados para o exército romano (cujas famílias haviam sido massacradas em chacinas antibárbaras), quanto aqueles vendidos como escravizados. Os vândalos-alanos e silingos sobreviventes das derrotas de 416–418 também se uniram em apoio a outra dinastia real vândala — os asdingos

— no sul da Espanha, e novamente formaram uma coalizão maior e mais consolidada. Em 422, essa nova confederação venceu a batalha de Adrianópolis, fora dos muros de Córdoba, no sul da Espanha, e derrotou as forças romanas, em especial porque um contingente visigótico ao serviço do exército romano mudou de lado — por acordo prévio — no momento crucial. No início da década de 420, portanto, o efeito global da dose maciça de choque exógeno administrada pelos hunos tornou-se evidente. Duas confederações ampliadas e recém-consolidadas, compostas principalmente por imigrantes recentes da periferia interna, estabeleceram-se em solo romano ocidental.

Ao longo das duas gerações políticas seguintes, essas confederações estabeleceram dois dos principais Estados sucessores da metade ocidental do Império Romano, e não por acaso: toda a sua existência minou a integridade do sistema imperial. De imediato, suas vitórias mataram um grande número de soldados romanos. Adrianópolis custou ao exército romano oriental pelo menos 10 mil mortos, de uma força total de 15 mil homens (estimativas mais extravagantes apontam para 20 mil em 30 mil).[17] Uma lista militar romana ocidental, datada logo após a vitória assinada pelos vândalos em 422, também sublinha a escala de perdas infligidas ao exército romano ocidental até aquele ponto. Cerca de dois terços do exército de campanha romano-ocidental, tal como existia em 395, foram destruídos no quarto de século de campanha que se passou.

As tropas romanas bem treinadas eram caras, mas mesmo unidades inteiras podiam ser substituídas a tempo, desde que os recursos necessários estivessem disponíveis. E no leste eles estavam. Depois de Adrianópolis, os godos nunca chegaram perto das regiões fortemente povoadas e geradoras de impostos do Império do Oriente, no Egito, na Ásia Menor e no Crescente Fértil. O problema que o Ocidente enfrentou nas suas últimas décadas, após as confederações visigótica e vândalo-alana terem se estabelecido nos seus territórios no início da década de 420, era muito mais profundo.

A existência de duas grandes confederações estrangeiras em solo romano ameaçava diretamente o principal eixo militar-fiscal do Império. As áreas envolvidas nos conflitos periódicos com o Estado romano sofreram danos substanciais nos campos, nas colheitas e no gado. Uma década depois de terem sido sujeitas à ocupação visigótica (408–410), as províncias do centro e do sul da Itália ainda usufruíam uma redução de impostos de 90%, aparentemente um nível padrão de mitigação fiscal oferecido às regiões agrícolas afetadas por combates graves. Evidências comparativas sugerem que foram necessários cerca de 20 anos para reparar os danos causados ao gado, ao equipamento e aos edifícios, e também para saldar as dívidas e os juros incorridos na contratação dos empréstimos necessários para os fazer. Outras áreas foram permanentemente removidas da base tributária do Estado romano, se após os combates tivessem sido ocupadas por qualquer uma das confederações. Assim, no início dos anos 420, grande parte da Espanha não produziu receitas fiscais durante quase toda a década; partes do sul da Gália e do centro/sul da Itália sofreram guerras extensas, e a Grã-Bretanha abandonou completamente o sistema imperial (por razões que veremos a seguir). Isso resultou em perdas substanciais nas receitas fiscais (25% ou mais) do Império Ocidental, e os efeitos aparecem na mesma lista militar do início da década de 420. Enquanto o Oriente acabou por compensar suas perdas em Adrianópolis, o Império Ocidental já não podia se dar ao luxo de fazê-lo. Ele substituiu a grande maioria das perdas do seu exército de campanha, no período 405–422, através da simples promoção, no papel, das tropas da guarnição fronteiriça existentes para o status de exército de campanha, e não através de um novo recrutamento "adequado" (isto é, dispendioso).[18]

O pior estava por vir. Em 432, a coligação vândalo-alana atravessou o Estreito de Gibraltar e, 7 anos mais tarde, apoderou-se da joia da coroa imperial romana ocidental: os seus territórios mais ricos em produção de receitas, onde hoje são a Argélia e a Tunísia. O centro imperial já tinha lutado para manter seus exércitos na década de 420, e essa perda aprofundou ainda mais a crise, prenunciando uma espiral viciosa em que o declínio das receitas significaria menos tropas, e ainda mais oportunidades para as confederações bárbaras tomarem mais território romano. O choque exógeno gerado pelos hunos ameaçou, assim, o eixo fiscal-militar fundamental, sobre o qual todo o sistema imperial tinha sido construído.

DIVISÃO INTERNA

Em janeiro de 414, um casamento de esplendor incomum foi realizado na antiga cidade romana de Narbona, no sul da Gália. A irmã do imperador ocidental Honório, Gala Placídia, ia se casar; nenhuma despesa foi poupada. O senador romano Prisco Átalo — jovem contemporâneo do nosso velho amigo Símaco, cuja condescendência metropolitana o colocou em apuros na sua viagem à fronteira noroeste (p. 35) — foi convocado para abrilhantar o evento com versos clássicos apropriados: o epitalâmio que tradicionalmente acompanhava a noiva a sua câmara nupcial. Infelizmente, o poema de Átalo não sobreviveu. Seu conteúdo seria uma leitura fascinante. Não era só o fato de Narbona — apesar das suas ainda maravilhosas ruínas romanas — ser um cenário incomum para um casamento imperial: o noivo era também um rei visigótico. Gala havia sido capturada quando os visigodos saquearam Roma, 4 anos antes, e casou-se com o cunhado de Alarico, Ataulfo.

Esse casamento extraordinário fazia parte de uma política calculada de semirreaproximação após aquele ataque. Mesmo o saque de Roma não foi bem o que parecia. As forças de Alarico estavam fora da cidade há dezoito meses e poderiam tê-la invadido a qualquer momento. Elas não o fizeram, porque Alarico usou a cidade como moeda de troca para forçar Honório, irmão de Gala, a um acordo político de longo prazo. Alarico liberou suas forças apenas quando ficou claro que o imperador, liderado por seus atuais conselheiros, não iria se dispor a negociar de boa fé. No que diz respeito tanto a Alarico quanto a Ataulfo, o Império Ocidental era parte permanente do cenário político, e ambos queriam incorporar os godos às suas estruturas nos melhores termos possíveis. O casamento de Ataulfo acrescentaria os seus seguidores góticos ao (decadente) grupo de tropas do exército de campo do Império Ocidental, garantindo-lhes um rendimento regular — mas eles permaneceriam sob sua liderança autônoma, tornando-o uma figura importante na corte imperial. Ao mesmo tempo, tal como Alarico, ele nunca se esquivou do conflito com o Império na busca de suas agendas políticas altamente ambiciosas. Prisco Átalo já havia sido declarado imperador com apoio gótico por Alarico fora de Roma, e foi elevado à mais alta realeza uma segunda vez por Ataulfo, na Gália. O casamento do rei com Gala Placídia também foi realizado sem a permissão do irmão dela e, quando a união rapidamente produziu um filho, ele recebeu o nome altamente significativo de Teodósio. O Teodósio original (o I) foi o pai imperial de Honório, que reinou de 379 a 395, fundador da dinastia imperial que agora governava tanto no Oriente como no Ocidente; o próprio

Honório não tinha filhos. Esse era um bebê, apesar de seu pai gótico, com pretensões reais ao trono ocidental.

No final, as ambições de nobreza de Ataulfo foram mal avaliadas. Teodósio morreu na infância, e quando Honório finalmente encontrou conselheiros mais capazes, logo ficou claro que ainda restava força suficiente no Império Ocidental para dominar a nova confederação visigótica. Após 2 anos de bloqueios econômicos bem colocados, os godos foram forçados a aceitar um acordo no sudoeste da Gália, que os colocou longe do centro italiano da política ocidental. O próprio Ataulfo já havia sido assassinado por rivais góticos internos quando ficou claro que sua estratégia de reaproximação falhava. Também fazia parte do novo acordo emergente que Gala Placídia fosse devolvida ao seu irmão, e que as forças góticas se comprometessem a fazer campanha contra os vândalos e alanos na Espanha (p. 12).

Mas se fracassou nos seus desígnios mais grandiosos, o reinado de Ataulfo revelou os primeiros indícios de uma grande falha no seio da elite imperial proprietária de terras, que desempenharia um papel importante na história do colapso da Roma Ocidental. A própria Gala, talvez atraída pela perspectiva de um futuro inesperadamente excitante como imperatriz viúva, parece ter sido uma parceira voluntária no seu casamento. Caso contrário, o seu destino poderia ter sido um retiro privado na cidade de Roma, destinado a impedir que alguém a usasse para gerar herdeiros potenciais que abririam caminho para o poder na corte. Prisco Átalo também não era nada incomum; a história apresenta muitos exemplos de políticos suficientemente desesperados por poder para procurá-lo em quaisquer circunstâncias, por mais vergonhosas que fossem. O que é muito mais surpreendente nas manobras de Ataulfo, no entanto, é que vários membros da elite proprietária de terras provinciais estavam dispostos a servir o regime usurpador de Átalo, tanto no episódio italiano quanto no posterior episódio gaulês, embora fosse completamente dependente do exército imperial gótico, e não do corpo militar do Império Romano.

Há alguns indícios de que as novas confederações bárbaras — os visigodos de Alarico e os vândalos-alanos — podem ter recrutado parte de seu novo efetivo entre elementos insatisfeitos nas classes baixas romanas, mas a evidência não é conclusiva. Muito mais bem documentada, e muito mais importante em termos políticos, foi a disposição de alguns membros da elite romana latifundiária — descendentes de pessoas como

Ausônio — de se juntarem às confederações bárbaras, agora no seu seio. Ataulfo recrutou alguns apoiadores galo-romanos na década de 410; os vândalos levaram alguns hispano-romanos de status elevado com eles para o Norte da África na década de 430; e os provinciais romano-britânicos recrutaram mercenários anglo-saxões de todo o Mar do Norte (principalmente de áreas que agora estão na Dinamarca e no norte da Alemanha) nas décadas de 420 e 430, para ajudar a defender os seus patrimônios contra invasores da Escócia e da Irlanda.

Contudo, o fenômeno está mais bem documentado na geração política ativa depois de cerca de 450. Dessa época, temos uma coleção de cartas escritas por um aristocrata provinciano de Auvérnia, um homem chamado Sidônio Apolinário. A correspondência de Sidônio cataloga uma série de colaborações diferentes entre seus pares latifundiários gauleses e os reis vizinhos visigodos e da Borgonha.[19] O próprio Sidônio e alguns de seus aliados mais próximos ficariam felizes em se aliar a qualquer um deles, desde que suas lideranças — seguindo o exemplo de Alarico e Ataulfo — mobilizassem poder militar para apoiar a existência continuada de algum tipo de Império Ocidental. Em 457, por exemplo, Sidônio escreveu um retrato impressionante do governante visigótico Teodorico II, apresentando o rei não como um monarca bárbaro, mas como um governante romano civilizado, em um momento em que Teodorico apoiava a oferta (temporariamente bem-sucedida) do sogro de Sidônio para tomar o trono vago do Ocidente. Enfatizou que o rei proibiu em sua corte o excesso de vinho e comida — sempre uma característica bárbara, no que diz respeito aos romanos. No final da década de 460 e no início da década de 470, no entanto, o círculo próximo de Sidônio levantou exércitos privados contra as incursões do irmão mais novo de Teodorico, Eurico, para tentar permanecer parte de um núcleo imperial, agora cada vez menor. Mas se havia limites claros na vontade de Sidônio em colaborar, outros membros da elite gaulesa tinham uma opinião diferente. Na mesma época, alguns dos seus outros conhecidos já eram conselheiros proeminentes dos reis visigodos e da Borgonha, encorajando-os a expandir as fronteiras dos seus reinos emergentes.[20]

A vontade das elites romanas locais de se juntarem a líderes que não fossem imperadores coroados reflete — à primeira vista, de forma contraintuitiva — a crescente maturidade política do final da sociedade provincial romana. Os mesmos processos de desenvolvimento que colocaram homens como Ausônio em primeiro plano, simultaneamente criaram grupos de aristocratas provinciais capazes de formular e perseguir suas próprias agendas políticas. Já no século III, quando a ascensão da Pérsia fez com que uma sucessão de imperadores concentrasse atenção no Oriente, isso manifestou-se em uma vontade entre as elites ocidentais, especialmente as elites gaulesas, de apoiar imperadores usurpadores que priorizassem as suas necessidades. E o mesmo aconteceu novamente no século V: quando perceberam o fracasso do centro político romano ocidental, pelo menos alguns proprietários de terras provinciais romanos ocidentais se mostraram dispostos a contemplar soluções alternativas radicais.

A QUEDA DE ROMA

Diferentes estudiosos organizam esses fatores contributivos em diferentes ordens de importância, mas para os presentes objetivos a ponderação exata a ser atribuída a cada um deles é insignificante. O ponto mais fundamental é que todas as discussões modernas sérias sobre a queda de Roma concentram-se, essencialmente, nessa mesma lista de fatores.

À medida que o sistema se desfazia, o Império Romano via-se imerso em uma espiral descendente. A rivalidade das superpotências e a autoafirmação de uma periferia interna em desenvolvimento combinaram-se a um fluxo substancial de migração da periferia externa e mais além para impor uma pressão adicional ao sistema, tudo isso entrelaçado com uma divisão política interna, por vezes amarga, em vários níveis. Cada um desses diferentes componentes tinha suas próprias linhas de causa e efeito, mas quase todos (excluindo a falta de chuvas nas estepes da Eurásia) foram epifenômenos de transformações mais amplas, desencadeadas pelo funcionamento do sistema imperial romano. A restauração do Império Persa a partir do século III foi uma resposta direta à expansão territorial romana. As novas coligações vândalo-alana e visigótica foram produtos tanto das transformações econômicas e políticas de longo prazo, operadas por 400 anos de domínio imperial romano nos seus vizinhos, quanto de uma resposta imediata ao contra-ataque militar romano. Foi, da mesma forma, a riqueza recém-descoberta da periferia interior que atraiu grupos da periferia exterior e além, para impelir esses vizinhos a solos romanos e expor problemas entre o leste e o oeste, entre o poder central e local, dentro do sistema de Roma.

Portanto, a despeito de como você reconstrói as interconexões precisas de causa e efeito, um fio relativamente simples percorre a narrativa do colapso imperial romano. À medida que crescia a capacidade da periferia em ascensão de competir com o Império, ele teve que direcionar mais dos seus recursos, tanto para neutralizar a ameaça persa, quanto para preservar suas fronteiras europeias. Isso aumentou a vulnerabilidade a choques exógenos de fora do sistema, aos quais poderia facilmente ter resistido em fases anteriores do seu desenvolvimento. A ascensão de um concorrente hostil na Pérsia também impôs uma divisão problemática do cargo imperial, que, junto ao súbito aparecimento dos hunos vindos do leste, acabou por fazer pender a balança contra o Império. Nessa altura, o centro imperial já não era capaz de proteger os interesses de alguns círculos eleitorais políticos importantes, que transferiram suas alianças para outros lugares.

Os capítulos seguintes argumentarão que a crise em desenvolvimento do Império Ocidental moderno combina exatamente as mesmas partes móveis: choque exógeno (incluindo a migração em grande escala) originado na periferia exterior e além; uma periferia interior assertiva; competição entre superpotências equivalentes; e crescente tensão política interna. Exatamente como e em que medida o sistema moderno irá — tal como o seu antecessor romano — desmoronar ao longo das próximas décadas depende, naturalmente, do efeito cumulativo das escolhas políticas feitas em resposta a cada um desses problemas. Mas a história romana não só nos permite identificar todos esses reveses enquanto consequências do funcionamento do sistema imperial, como também pode ajudar-nos a pensar de forma mais analítica sobre os tipos de respostas que são dadas atualmente e seus prováveis resultados a longo prazo. Até agora, o discurso político moderno mobilizou o passado romano para discutir apenas um desses problemas, a migração, de modo que a nossa análise começará com um olhar muito mais atento para esse tópico mais premente do debate atual.

6

Invasões Bárbaras

A única parte do antigo Império Ocidental que viu o colapso completo da civilização romana foi a Grã-Bretanha. Latim, vilas, educação, lei escrita, cristianismo: todos os atributos característicos da cultura clássica desapareceram no norte do Canal da Mancha, junto de todos os sinais de intercâmbio econômico complexo. Na década de 1980, havia esperança de que métodos arqueológicos novos e mais sofisticados pudessem trazer à luz algum urbanismo pós-romano substancial, que anteriormente havia sido esquecido. Quarenta anos depois, tudo o que surgiu foi um cano de água restaurado em St. Albans, Hertfordshire, e alguns buracos de postes pouco convincentes em Wroxeter, Shropshire. Alguma cerâmica anglo-saxônica do século IX, encontrada sob as telhas caídas do quartel-general do legionário romano em York, posteriormente provou ser obra de coelhos escavadores, e não um sinal de que seu pretório ainda estivesse de pé em 800 d.C. Junto ao desaparecimento das cidades nas poucas décadas depois de 400 d.C. foram-se o artesanato e a fabricação — as indústrias especializadas em cerâmica foram substituídas pela produção artesanal localizada —, e as moedas caíram completamente em desuso. A situação ficou tão desesperadora que havia até um mercado para vidros quebrados retrabalhados.

A partir de meados do século XIX, os acadêmicos concentraram-se em uma explicação primária para toda a destruição: a chegada dos primitivos imigrantes anglo-saxões. Há muito percebeu-se que o inglês, apesar dos acréscimos do latim, transmitidos sobretudo pelos normandos, era fundamentalmente uma língua germânica. Mas, nesse período, os filólogos vitorianos também descobriram que quase todos os nomes de lugares ingleses, até o menor riacho ou protuberância na paisagem, tinham raízes anglo-saxônicas, e não celtas ou latinas. Quando a evolução da arqueologia científica na última parte daquele século identificou corretamente a chegada, ao norte do Canal da Mancha, de uma nova cultura material, amplamente datada do século V, cujas raízes evidentemente estavam no norte da Europa não romana, a conclusão pareceu óbvia. A civilização romana na Grã-Bretanha foi desfeita pela chegada de uma grande quantidade de anglo-saxões, vindos do outro lado do Mar do Norte, que expulsaram para o País de Gales, a Cornualha e a Bretanha, os celtas romanizados que não tinham matado.

O cenário na Grã-Bretanha pós-romana era o pior possível, mas no final do século V um roteiro aparentemente semelhante se desenrolava na maioria do antigo Império Ocidental. Em todos os lados o domínio imperial romano era substituído por dinastias reais de imigrantes, inaugurando um período com a triste fama do suposto declínio cultural e econômico em grande escala, chamado de "Idade das Trevas".

O PRIMEIRO BREXIT

Trabalhos recentes em arqueologia e genética forçaram uma grande reformulação da tese de que uma massa de migrantes anglo-saxões sobrecarregou demograficamente a civilização romana. Provavelmente, no século V chegou à Grã-Bretanha um número ligeiramente superior de migrantes (em termos percentuais) do que a outras partes do antigo Ocidente romano; mas os números não eram o verdadeiro problema. Até a década de 1950, a civilização romana ao norte do Canal da Mancha era vista como uma fina camada no topo de uma paisagem ainda substancialmente selvagem, com apenas uma população limitada. Um ilustre historiador da época caracterizou a tomada de poder anglo-saxônica menos como uma luta entre imigrantes e nativos, e mais como uma história do "homem contra a árvore", o que tornou muito mais fácil pensar em uma população autóctone, pequena e díspar, sendo fisicamente levada para as margens geográficas pela chegada dos anglo-saxões. As duas últimas gerações de estudiosos deixaram claro, contudo, que isso se baseava em um equívoco fundamental. Com a intensificação do trabalho de pesquisa arqueológica, o número de assentamentos conhecidos da era romana aumentou exponencialmente, a ponto de se estimar que as últimas populações da Grã-Bretanha romana tenham atingido o mesmo nível máximo de uma era pré-moderna — mais de quatro milhões —, que só seria alcançado novamente nas vésperas da Peste Negra, no início do século XIV, mil anos depois. A ideia de que tantas pessoas possam ter sido impelidas para as periferias ocidentais da Grã-Bretanha é absurda.

Com o aumento do trabalho de pesquisa surgiram avanços extraordinários na análise genética. Algumas delas foram mal interpretadas e mal aplicadas em círculos ultranacionalistas, para apoiar a afirmação de que havia (e há) uma população inglesa geneticamente identificável, cuja posição estava ameaçada, então, pela imigração excessiva. Acontece que uma mutação específica do cromossomo Y está amplamente distribuída entre os homens ingleses modernos: entre 40% e 50% descendem de antepassados masculinos, nativos da Inglaterra antes de a Revolução Industrial ter obrigado a população da Grã-Bretanha e da Europa a se mudar. Essa mutação provavelmente teve origem em um aglomerado populacional do norte da Europa, em algum lugar no outro lado do Mar do Norte. Mas concluir que isso significa que o período anglo-saxônico assistiu a uma substituição de 50% da população por imigrantes é totalmente errado. Não é possível datar quando a mutação apareceu pela primeira vez, de modo que ela pode muito bem ter sido partilhada entre homens celtas, anglo-saxões e vikings, todos eles envolvidos em diferentes fluxos migratórios para a Grã-Bretanha, vindos do norte da Europa continental. E mesmo que pudesse ser identificada com segurança, de alguma forma, como anglo-saxônica (não há nenhuma perspectiva de que possa), o que foi medido é a sua distribuição entre os homens ingleses modernos do século XXI, e não a sua prevalência no período da migração anglo-saxônica. Os migrantes anglo-saxões tornaram-se o grupo dominante de latifundiários no sul da Grã-Bretanha nos séculos V e VI, o que significa que tinham vantagens consideráveis no acesso a alimentos e a outras formas de riqueza. Como a modelização subsequente demonstrou, basta atribuir a esses migrantes uma pequena vantagem na transmissão dos seus genes — o que a sua posição social certamente lhes teria dado —, e a atual distribuição de 40%–50% da mutação pode ser fácil e rapidamente alcançada, a partir de uma população masculina imigrante que, a princípio, representava apenas entre 5% e 10% do total. Isso ainda representaria uma percentagem de imigrantes maior do que em qualquer outro lugar do continente (é pouco provável que os godos e os vândalos constituíssem mais de 1%

da população total das terras que adquiriram perto do Mediterrâneo), mas não altera fundamentalmente o cenário. Seja como for, os séculos V e VI contaram com relativamente poucos migrantes anglo-saxões interagindo com uma massa autóctone de bretões romanos, e o maior avanço genético de todos demonstrou que não existe inglês (ou francês, ou norueguês, aliás) definível geneticamente.[21]

A verdadeira explicação para a extensão do colapso da civilização romana na Grã-Bretanha não reside na escala da migração que se desenrolou ao norte do Canal da Mancha, mas na escala da negociação. No continente, em especial após a derrota da expedição vândala de Constantinopla em 468, grandes extensões de território romano começaram a cair de uma só vez, sob o controle das novas e muito ampliadas confederações. Como resultado, os reis visigóticos, vândalos, e posteriormente francos e ostrogóticos, encontraram-se negociando com um grande número de membros da elite proprietária de terras romanas em seus territórios recém-adquiridos. E, em massa, essa elite tinha algumas moedas de troca importantes a oferecer: controle social prático e pronto para usar sobre muitos produtores camponeses; ideologias de poder; e capacidade administrativa, com a finalidade de aumentar as receitas fiscais, o que poderia ajudar a estabilizar os novos Estados improvisados às pressas. Nessas circunstâncias, todas as monarquias continentais emergentes negociaram, com satisfação, versões de acordos semelhantes, resultando, em muitas áreas a sul do Canal da Mancha, em uma ordem social pós-imperial que ainda englobava numerosos proprietários de terras romanos, que entre eles preservaram elementos substanciais de sua civilização. Em alguns locais, os sistemas jurídicos e fiscais romanos em operação também foram mantidos, pelo menos a curto e médio prazo. O cristianismo e a cultura latina de elite sobreviveram como características definidoras permanentes de todos os reinos sucessores continentais.

Essa negociação nunca foi gratuita para os latifundiários romanos (motivo para duvidar se deve realmente ser considerada voluntária). Os reis dos Estados sucessores foram todos colocados no poder por seguidores militares, dos quais os mais importantes — certamente na casa dos milhares, nos diferentes reinos — esperavam ser ricamente recompensados pelas guerras que acabavam de travar para criar novos reinos. E tais sequazes militares não teriam tido a menor hesitação em substituir os seus líderes, se o valor da recompensa não correspondesse às suas expectativas. A terra era a única forma genuína de riqueza disponível, o que significava que os reis dos Estados sucessores necessitavam de muitas propriedades fundiárias para satisfazer os seus seguidores. Havia alguns estoques de terras públicas, mas não o suficiente para satisfazer a procura, de modo que em cada reino os proprietários romanos tinham de ceder o controle de algumas das suas propriedades (quanto menor o reino, maior a percentagem; era a regra básica geral). Ao sacrificar dessa forma algumas das suas propriedades, os latifundiários romanos ao sul do Canal da Mancha conseguiram reter pelo menos uma parte da sua riqueza e, simultaneamente, transmitir uma fração significativa da sua cultura às elites bárbaras que chegavam, com as quais viviam agora lado a lado. Até os conquistadores vândalos do Norte da África, cujo nome tem sido sinônimo de violência irracional desde o século XVIII, logo aprenderam a apreciar as vilas romanas e a poesia latina. Um poeta latino bem treinado, que se mudou do norte da Itália para Francia na segunda metade do século VI, também descobriu que seus versos eram igualmente populares nas cortes dos netos de Clóvis, entre patronos de ascendência franca e romana. A capacidade dos latifundiários romanos continentais de negociar a sua própria sobrevivência pelo menos garantiu que o Ocidente pós-romano seria latino e cristão.

Nesse aspecto, a história da Grã-Bretanha diverge fundamentalmente do resto do Ocidente romano. Os imigrantes "bárbaros" anglo-saxões que se mudaram para a Grã-Bretanha do século V fizeram-no em circunstâncias completamente diferentes dos seus pares continentais. Estes últimos estiveram em solo romano de maneira involuntária, respondendo ao choque exógeno desferido pelos hunos. Eles também se viram obrigados a competir com um Estado romano ocidental, que ainda era uma potência militar substancial quando chegaram aos seus territórios, nas primeiras décadas do século V.

Nesse ponto, porém, a Grã-Bretanha já havia se separado parcialmente do controle romano central, tendo declarado independência em meio ao longo período de perturbação causada pela chegada de Radagaiso, dos vândalos-alanos e dos visigodos de Alarico (p. 97). Essa rebelião inicial acabou por levar os latifundiários romanos provinciais da Grã-Bretanha, muitos dos quais ainda estavam no poder nas primeiras décadas do século V, a serem completamente alijados do sistema imperial, apesar de vários apelos subsequentes para que o controle central fosse restaurado, já que sua vulnerabilidade tornou-se clara. Eles agora tinham que organizar sua própria defesa contra invasores da Escócia e da Irlanda, que faziam fila para pilhagens fáceis, e logo recrutavam batalhões anglo-saxões de todo o Mar do Norte para complementar seu efetivo disponível. A única fonte narrativa verossímil relata que a situação realmente piorou (provavelmente no início da década de 440) quando esses mercenários perceberam que não havia nada que os impedisse de tomar posse total das terras dos seus empregadores, recrutando mais batalhões continentais para participar da festa. Como resultado, pequenos grupos de imigrantes anglo-saxões, sob lideranças independentes, começaram a conquistar, aos poucos, seus próprios pequenos blocos de território. Nesse sentido, os anglo-saxões representam uma extensão do tipo de processo que anteriormente havia levado grupos empoderados da periferia a assumirem o controle de bens imóveis imperiais entre o Reno e o Danúbio, e na Dácia da Transilvânia, no século III.

Também significa que o sul da Grã-Bretanha nunca viu o tipo de oportunidade para negociações em grande escala que ocorreu no continente, e também que não houve razão para que os líderes independentes dos bandos de guerra anglo-saxões se unissem sob a autoridade de um rei supremo, uma vez que não havia exércitos romanos imperiais para combater. Isso gerou um processo contínuo, em que toda a classe proprietária de terras romanas da Grã-Bretanha, junto aos seus valores culturais, foi eliminada, uma vila de cada vez. Quando o último pedido de ajuda chegou ao centro romano ocidental, este já estava sob demasiada pressão — acabara de perder o Norte da África para os vândalos — para encontrar recursos para os agora sitiados latifundiários romano-britânicos. O que realmente gerou o colapso da civilização pós-romana da Grã-Bretanha, levando-a para uma Idade das Trevas totalmente pagã e livre do latim, não foi a migração bárbara, mas a sua separação voluntária do mundo romano: o Brexit original.

A MIGRAÇÃO E O FIM DO IMPÉRIO

Portanto, apenas no caso dos anglo-saxões as realidades da migração da era romana se aproximam dos relatos tradicionais, em que bárbaros selvagens esmagaram uma grande civilização — e mesmo o resultado no sul da Grã-Bretanha teve causas profundas, que não apenas diziam respeito à violência "bárbara". Em outras partes do Ocidente Romano, onde a migração foi, em grande parte, o produto indireto do caos gerado pelos hunos, e não uma intrusão predatória, o processo que se desenrolou esteve longe de ser isento de violência, mas produziu resultados negociados que transferiram características significativas da antiga cultura imperial para a nova ordem mundial. Mesmo que isso não se alinhe com as imagens recebidas de invasão bárbara que atraíram tanta atenção moderna, esses padrões migratórios da era do colapso romano podem ser mobilizados de uma forma diferente para nos ajudar a compreender os processos migratórios que atualmente se desenrolam dentro e em torno do Ocidente moderno.

Para começar, é importante reconhecer duas características inevitáveis da migração humana. Em primeiro lugar, ela está embutida nos cálculos estratégicos de vida das espécies. Desde que as primeiras diásporas se espalharam pela África e para outros continentes, os seres humanos têm se deslocado consistentemente em busca de áreas de caça mais ricas ou de melhores terras agrícolas. Embora nem sempre as tenham encontrado, a capacidade cerebral expandida permitiu à humanidade utilizar vestuário, ferramentas e tecnologias de processamento de alimentos para contornar a adaptação evolutiva física e prosperar em um grande número de ambientes diferentes em todo o planeta. Uma conclusão clara que emerge do estudo comparativo da migração é, portanto, que sempre existirá um fluxo de população das zonas mais pobres para as mais ricas, desde que haja transporte e informação disponíveis, e que nenhuma estrutura política imponha barreiras adicionais. Mas, em segundo lugar, a migração nunca é indolor. Para a maioria dos migrantes, deixar os entes queridos e o lar, em direção a mundos novos e estranhos, é uma ruptura emocional, para não mencionar todos os perigos e inseguranças envolvidos no processo. De bárbaros mortos ou escravizados no final do período romano, a crianças mortas que hoje chegam às praias europeias, a migração nunca foi isenta de riscos e sofrimentos.

Nesse contexto geral de oportunidades, necessidades e dificuldades, o ciclo de vida dos impérios tende a gerar alguns padrões de movimento mais específicos. Nas suas fases de expansão, como vimos, os impérios proporcionam deliberadamente condições que facilitam a migração em grande escala de vários tipos — novas oportunidades econômicas, segurança, rotas de transporte, até mesmo políticas para encorajar a migração —, com o objetivo de garantir benefícios para o núcleo imperial. Os migrantes podem melhorar sua situação, mas também a estrutura imperial como um todo. Com o surgimento do Império Romano, a Itália exportou muitos indivíduos que ajudaram a desenvolver as novas províncias do Império. Mas essas províncias também buscaram mão de obra além das fronteiras, tanto por mecanismos voluntários quanto por involuntários. No caso do Ocidente moderno, a exportação de colonos de áreas centrais na era da expansão foi semelhante, em princípio, mas muito mais dramática na prática. Isso ocorreu porque a era da expansão imperial ocidental coincidiu com uma extraordinária transformação demográfica, quando melhorias médicas e nutricionais, combinadas com altas taxas de natalidade, fizeram com que os europeus — em um momento histórico único — totalizassem surpreendentes 25% da população mundial (Capítulo 2). Nesse contexto demográfico, havia menos necessidade de atrair mão de obra de além das fronteiras do sistema para as novas províncias do império, embora isso ainda acontecesse para preencher posições menos desejáveis, como o fenômeno da escravidão deixa terrivelmente claro.

Contudo, desde 1945 o padrão se inverteu. Potências pós-imperiais, como a Grã-Bretanha, a França e os Países Baixos, abriram as portas aos migrantes de suas antigas colônias. Outros países que não tinham ou perderam impérios, como a Alemanha, importaram "trabalhadores convidados", que deveriam regressar aos seus países de origem (muitas vezes a Turquia, no caso alemão) no final da sua vida profissional. Compreensivelmente, esses "convidados" muitas vezes ficavam, já que nessa altura tinham famílias que se sentiam parte de tais sociedade, para não falar das seleções nacionais de futebol que não queriam perder seus melhores jogadores. Entretanto, países que sempre confiaram na imigração para aumentar a sua oferta de mão de obra, como os Estados Unidos, o Canadá e a Austrália, viram as fontes tradicionais europeias se esgotarem e voltaram-se cada vez mais para os imigrantes do mundo em desenvolvimento.

À primeira vista, com as invasões bárbaras do final do período romano em mente, poderíamos ser tentados a empregar uma metáfora das ondas para descrever a relação entre o Império e a migração, supondo que ela flua para fora na fase ascendente do Império, para depois retroceder, quando ele começa a declinar. Essas imagens prevalecem nos discursos da extrema direita em alguns países ocidentais; comparam a expansão da cultura europeia em todo o mundo durante os tempos do Império, considerada uma coisa "boa" e não problemática, às supostas tendências atuais de um "genocídio branco" em antigas possessões coloniais, como a África do Sul e a Rodésia. Eles até alertam — nas declarações mais dramáticas — para uma possível "substituição branca" no Ocidente, à medida que os bárbaros dos últimos dias primeiro revertem o avanço do Ocidente nas suas colônias, e cada vez mais levam a batalha para os antigos centros do Império. Os paralelos entre os vândalos saqueadores e os escombros deixados pelo Estado Islâmico em grande parte do berço da civilização da Eurásia Ocidental, na Síria e no Iraque, são aparentemente inevitáveis. Os imigrantes de hoje são os bárbaros modernos que estão nos portões. Deixe-os entrar, e as consequências inevitáveis serão a perda da riqueza, da coesão cultural e um recrudescimento da violência: na pior das hipóteses, até mesmo a substituição da população. Mas, apesar de ganhar alguma força nas regiões descontentes de diferentes eleitorados ocidentais, esse tipo de metáfora se baseia em uma equação falsa. Mesmo deixando de lado seu juízo de valor altamente questionável, os fluxos populacionais modernos para o Ocidente são o produto de uma relação entre a migração e o Império fundamentalmente diferente daquela que existiu na queda do Império Romano.

Em meados do século XX, a explosão demográfica europeia chegava ao fim. A prosperidade do Ocidente possibilitou cada vez mais, depois de 1945, que as estruturas estatais financiassem sistemas de segurança social do berço ao túmulo, com pensões generosas e seguros de saúde. Os indivíduos também eram muito mais ricos. No quarto de século após a Segunda Guerra Mundial, os rendimentos per capita nos países ocidentais cresceram, em média, entre 4% e 6% ao ano; ou seja, os rendimentos dos indivíduos duplicavam a cada década, aproximadamente. À medida que a insegurança econômica diminuiu, o tamanho das famílias decresceu em proporção. Não havia necessidade de ter muitos filhos para cuidar de alguém na velhice, se o Estado, especialmente quando complementado por uma pensão privada, pudesse fazer o trabalho com a mesma eficácia. Também era possível supor que a grande maioria dos filhos realmente sobreviveria. Após o *baby boom* do pós-guerra, que provocou um salto de curta duração, as taxas de natalidade prevalentes no Ocidente retomaram, portanto, o seu declínio a longo prazo; a segunda fase da chamada "transição da fecundidade" estava agora em pleno andamento. Desde a guerra, o número médio de crianças por família nos Estados Unidos caiu pela metade. Hoje, dos países desenvolvidos da OCDE, apenas as famílias islandesas e israelitas têm filhos suficientes para manter os níveis populacionais existentes (a taxa de substituição geralmente é de cerca de 2,1 filhos por mulher). Em todos os outros países a população nativa está diminuindo, e de forma vertiginosa nos casos de Itália, Alemanha, Hungria e Japão.

Enquanto as taxas de fertilidade na Europa Ocidental caíam drasticamente, a maioria dos países europeus foi muito além de perder seu antigo papel como fornecedores significativos dos excedentes populacionais para a economia mundial, e começou efetivamente a lutar para satisfazer suas próprias necessidades de mão de obra. A fonte óbvia de oferta adicional foi o mundo em desenvolvimento da antiga periferia imperial, porque, nas décadas a partir de 1945, ela também tinha, enfim, começado a experimentar o crescimento populacional espetacular — causado pelos mesmos avanços médicos e nutricionais — que a Europa tinha visto no final do século XIX. Em meados do século XX, só se encontravam grandes reservas de mão de obra excedente no mundo em desenvolvimento, e o Ocidente respondeu em conformidade. Como resultado, supostas analogias entre os fluxos migratórios modernos para o Ocidente e as chamadas "invasões bárbaras" do final do período romano desmoronam completamente.

As migrações do final do século IV e início do V foram causadas por um choque exógeno na forma da expansão dos hunos. O processo que se seguiu em solo romano foi substancialmente moldado pelos próprios migrantes, à medida que se reorganizaram em confederações políticas cada vez maiores. Esse processo migratório global — tanto as suas origens quanto seu desenvolvimento subsequente — estava fora do controle romano. A grande maioria da migração moderna para o Ocidente, pelo contrário, foi, e ainda é controlada pelos Estados receptores em busca de mão de obra. Mesmo na América, densamente imigrante, os "ilegais" que entraram de forma ilícita representam menos de 5% da população total.

Grande parte do discurso dos políticos de direita — como Nigel Farage, cruzando o Canal da Mancha em busca de barcos de migrantes; Boris Johnson, que citou a queda do Império Romano como um alerta sobre a imigração descontrolada nos dias de hoje; ou Pat Buchanan, que comparou os imigrantes ilegais aos godos — tem como base uma falsa equivalência. Nada na existência precária de um trabalhador sem documentos nos Estados Unidos de hoje tem a menor semelhança com um guerreiro vândalo que desfrutava da boa vida romana no Norte da África. Um americano "ilegal" vive com medo, sempre alerta para onde os agentes de imigração foram vistos para poder evitá-los. Estigmatizados, seus filhos sofrem frequentemente de um medo crônico de separação dos pais deportados. E embora o imigrante ilegal e sua família tenham, provavelmente, saúde física e mental muito piores do que a contraparte nativa, o seu acesso aos cuidados de saúde é limitado. Mesmo quando está disponível, os imigrantes muitas vezes renunciam a usá-lo por medo de serem descobertos. Apesar de toda a discussão sobre os bárbaros nos portões, o mundo moderno não oferece o mais remoto paralelo com as confederações militares organizadas em massa, que forçaram a sua passagem através da fronteira e confiscaram partes substanciais de bens imobiliários romanos. Depois de a Hungria ter aprovado, recentemente, uma lei que permitiu à polícia forçar os requerentes de asilo a atravessar para o outro lado da fronteira sem um devido processo, o número de pessoas que entram no país caiu mais de 75%. O final do Império Romano só poderia ter sonhado em deter as invasões bárbaras por meio de legislação.

De maneira ainda mais fundamental, a relação entre migração e riqueza nos casos antigos e modernos é totalmente diferente. As migrações em massa, organizadas do final da era romana, tiveram de gerar grandes perdas para alguém. Os migrantes góticos, vândalos, anglo-saxões e outros estavam competindo por uma parte do único ativo principal — a terra —, e uma parte só poderia ser obtida tomando-a completamente (como na Grã-Bretanha) ou parcialmente (o continente) de seus atuais detentores, com o efeito adicional de, no fim, remover uma porção tão grande da base fiscal do controle central que o próprio Estado imperial entrou em colapso. As economias modernas, pelo contrário, podem crescer de forma que era impossível em épocas anteriores, de modo que a riqueza dos novos cidadãos não tem de ser feita às custas dos já existentes. É por isso, claro, que os governos ocidentais pós-1945 encorajaram efetivamente a imigração. Devido à escassez de mão de obra existente, eles consideraram que a imigração tinha a capacidade de *expandir* a dimensão global das suas bases econômicas e fiscais à sua disposição.

Em geral, esse julgamento revelou-se correto, mesmo que pesquisas recentes sobre o impacto econômico da imigração ofereçam uma imagem mais matizada, com maior sensibilidade quanto ao seu efeito desigual, do que as celebrações anteriores dos seus benefícios absolutos. Tudo permanecendo constante, os elementos mais ricos da sociedade ocidental tendem a se beneficiar mais com a chegada de imigrantes do que sua classe trabalhadora tradicional. A oferta de mão de obra imigrante restringe os salários que, de outra forma, aumentariam em um mercado de trabalho mais restrito. Também existe, agora, maior consciência sobre o tipo de políticas necessárias para ajudar os migrantes a participar plenamente na economia que os acolhe: tudo, desde a formação de competências até ao ensino de línguas. Mas mesmo levando tudo isso em conta, as pesquisas ainda indicam, de modo geral, que apesar das afirmações de alguns políticos ocidentais, a imigração proporciona ganho líquido para toda a economia. Um estudo importante do FMI estima, por exemplo que, em média, cada aumento de 1% no tamanho da população imigrante proporciona um impulso de 2% no PIB a longo prazo. E embora os políticos anti-imigrantes defendam, por vezes, a sua posição, dizendo que não se opõem aos imigrantes em si, apenas aos "maus imigrantes" — referem-se a imigrantes ilegais ou aos chamados "não qualificados", ainda que na prática isso muitas vezes signifique a mesma coisa —, mesmo tais imigrantes não qualificados proporcionam mais benefícios econômicos do que custos. Nos Estados Unidos, por exemplo, os imigrantes ilegais representam uma percentagem maior da força de trabalho do que da população em geral, o que sugere que um número desproporcionalmente elevado deles está envolvido de forma ativa na economia produtiva.

Desde 1945, portanto, os imigrantes passaram a desempenhar um papel vital na sustentação do que resta do dinamismo econômico ocidental. Mas mesmo isso ainda não consegue chegar ao cerne da contribuição total dos imigrantes para a vida no Ocidente em evolução. De outra forma, mais imediata, eles sustentam agora as vidas dos ocidentais em si. Para compreender o porquê, precisamos regressar às consequências a longo prazo do aumento da riqueza ocidental e da transição da fecundidade no tamanho médio das famílias.

A prosperidade sem precedentes que inundou o Ocidente depois de 1945 rapidamente gerou um paradoxo. Ela acelerou a transição para famílias menores, o declínio das taxas de natalidade e, ao mesmo tempo, aumentou de forma significativa a expectativa média de vida. Depois da guerra, o americano médio viveu até os 67 anos de idade; hoje, eles chegam a 79 anos de idade. Mas essa melhoria é insignificante, quando comparada à da Itália, onde a expectativa de vida aumentou de 70 para 83 anos de idade durante o mesmo período, enquanto no Japão a média das pessoas acrescentou espantosos 32 anos à sua expectativa de vida, então de 52 anos de idade. Tudo isso é uma conquista maravilhosa em muitos aspectos. Vidas mais longas, mais saudáveis, mais prósperas e com mais tempo de lazer têm muito mais qualidade. Mas também têm a desvantagem econômica de reduzir, a qualquer momento, a percentagem da população ativamente envolvida na força de trabalho.

Em 1960, os aposentados representavam um décimo da população do Japão. Hoje, eles representam quase um terço. O aumento nos Estados Unidos e na Grã-Bretanha não foi tão drástico — de cerca de 10% para em torno de 15% e 18%, respectivamente —, mas ainda é substancial. Como resultado, a razão entre dependentes econômicos e trabalhadores ativos cresceu de maneira significativa. Em 1960, cada japonês economicamente ativo sustentava uma outra pessoa, e a maioria delas eram crianças que logo entrariam no mercado de trabalho. Hoje, cada trabalhador sustenta outras duas pessoas, e a maioria delas está aposentada. A riqueza e os seus efeitos criaram, assim, novos e enormes buracos na força de trabalho do Ocidente, que a imigração tem, novamente, sido utilizada para preencher.

Em algumas áreas da economia, essa dependência tornou-se particularmente intensa. Com a vida mais longa, surgiu uma incidência muito maior de problemas de saúde crônicos associados ao envelhecimento: diabetes, artrite, Parkinson, demência etc. Na Grã-Bretanha, Nigel Farage fez carreira atribuindo o aumento do custo do Serviço Nacional de Saúde britânico (NHS) ao excesso de procura gerado pelos imigrantes. Ele está certo ao dizer que as enfermarias dos hospitais britânicos estão cheias de estrangeiros — mas a maioria deles são profissionais da saúde! Mais de um terço dos médicos que trabalham no NHS vêm do estrangeiro, o que está globalmente alinhado com a média da OCDE. Isso, claro, tem um outro lado problemático para o mundo em desenvolvimento, na medida em que um quinto dos médicos formados nas faculdades de medicina africanas acaba por trabalhar fora do país.

Portanto, não é o afluxo de estrangeiros que exerce uma pressão crescente sobre os Estados de bem-estar social do Ocidente, mas sim as consequências da sua própria prosperidade do pós-guerra, que prolongou a expectativa de vida e aumentou enormemente as proporções de dependência. Contar com médicos e enfermeiros formados no estrangeiro não só evitou o colapso de muitos sistemas públicos — os da Austrália e do Canadá deixariam de funcionar sem eles —, mas também transferiu grande parte dos custos de produção do corpo médico para outros países, poupando aos contribuintes ocidentais grandes somas de dinheiro, já que cada médico custa mais de US$300 mil para ser treinado. Acrescentemos os migrantes, tanto a curto quanto a longo prazo, que desempenham papéis vitais em toda a economia, desde a colheita de frutos até à gestão de empresas, e é inegável a importância do papel econômico que a migração desempenha na manutenção do estilo ao qual o Ocidente se acostumou. Como resultado, agora e também no futuro próximo, a questão da migração apresenta aos governos ocidentais uma equação de custo-benefício completamente diferente daquela enfrentada pelos seus antecessores romanos.

CONSTRUA UM MURO!

Partes substanciais de diferentes eleitorados ocidentais tornaram-se hostis à imigração. Preocupados com empregos, rendimentos e coesão cultural, seus receios são alimentados pela visão de campos de imigrantes indisciplinados nas fronteiras e por explosões ocasionais do terror islâmico nas cidades ocidentais. Essa antipatia revelou-se forte o suficiente para provocar alguns sucessos eleitorais surpreendentes — Brexit, Trump, a extrema-direita alemã AfD, Viktor Orbán e outros —, levando até alguns políticos mais tradicionais a procurar formas de reduzir a dependência dos seus países em relação aos trabalhadores estrangeiros. Em uma era de envelhecimento da população e de aumento dos índices de dependência, contudo, qualquer redução substancial da imigração terá necessariamente consequências para a prosperidade econômica. Depois que o Brexit impôs limites à migração na Europa, a Grã-Bretanha começou a enfrentar uma escassez crônica de mão de obra, que aumentou os custos e reduziu a oferta, como muitas pessoas que tentavam reformar suas casas ou esperavam pela bagagem nos aeroportos logo descobriram.

Em um extremo do espectro de escolhas políticas possíveis, os países ocidentais poderiam simplesmente fechar a porta à imigração futura para preservar o status quo sociopolítico e cultural. O Japão moderno seguiu essencialmente este caminho: restringiu a imigração dentro de limites rígidos, tornando muito difícil para os trabalhadores migrantes obterem status de residência de longo prazo ou levarem suas famílias para o Japão. Mas o preço tem sido alto. O crescimento econômico do Japão praticamente estagnou no início da década de 1990, e quase não se alterou desde então, à medida que sua população envelhece e a demanda por serviços públicos aumenta. Políticas de imigração muito restritivas são uma das principais razões pelas quais o número de aposentados japoneses, sustentados pela população economicamente ativa, aumentou muito além dos níveis observados noutras partes do mundo desenvolvido, a ponto de hoje — com 30% da sua população aposentada — mais de metade dos ienes arrecadados pelos impostos ser consumida pelo orçamento da previdência social. Isso exige que o governo contraia empréstimos elevados para pagar todo o resto, desde os salários dos professores até a coleta de lixo. Interromper totalmente a migração parece, portanto, ser uma receita para o declínio econômico absoluto (bem como para experiências em que os cuidados aos idosos são prestados por robôs). A famosa coesão social e as baixas taxas de criminalidade do Japão mostram que esse modelo tem outros benefícios potenciais, mas com um preço elevado, e até o Japão começou, recentemente, a importar mão de obra para os seus lares de idosos e a criar janelas legais através das quais os imigrantes possam obter status permanente.

Uma segunda opção política, mais comumente preferida, tem sido, portanto, defender a manutenção da migração dentro de limites mais amplos, mas ainda rígidos, e, se possível, favorecer países de origem que tenham um perfil étnico e cultural semelhante ao do país destinatário; daí a notória preferência declarada de Donald Trump por migrantes da Noruega, em vez das "pocilgas" na África. Mas, contar com a migração em grande escala de outros países desenvolvidos não é realista, porque praticamente todos os países da OCDE foram afetados pela mesma transição de fecundidade e, de qualquer forma, já não existem diferenças suficientes entre as suas perspectivas econômicas para levar grande número de migrantes a assumir os custos culturais e pessoais da realocação. Na realidade, a migração em qualquer escala substancial só pode provir de partes da periferia onde a primeira fase da transição de fecundidade está em curso — o que significa que um número muito maior de crianças está sobrevivendo, mas também que o tamanho das famílias apenas começa a reduzir em resposta.

Outra solução proposta centra-se nos chamados regimes de migração "baseados nas necessidades", em que as nações desenvolvidas permitem a entrada de migrantes cuidadosamente avaliados para colmatar carências de competências específicas; uma medida política que não irá, teoricamente, reduzir salários nem sobrecarregar os sistemas sociais. Alguns políticos nacionalistas usam essa ideia como um substituto para a redução geral da migração, mas nenhuma versão dessa política aplicada de forma pragmática reduziria a migração total. Se a Grã-Bretanha utilizasse um sistema como o do Canadá ou da Austrália, baseado no pragmatismo econômico, na verdade aumentaria o fluxo de imigrantes. O Canadá, que utiliza uma política de imigração bastante seletiva para manter equilibrada a proporção de força de trabalho e dependência, geralmente importa cerca de 1% da sua população total a cada ano. Aplicada na Grã-Bretanha, que tem o dobro da população do Canadá, seriam necessários 650 mil imigrantes por ano. Além disso, como enfatizou o foco nos trabalhadores "essenciais" — cuja importância global se tornou tão clara durante a crise da Covid —, muitos membros vitais da força de trabalho não são altamente qualificados, e ainda assim vêm do exterior; então, uma política de imigração seletiva baseada em uma avaliação racional, em vez de manipular a ansiedade eleitoral, também teria de levar em conta a escassez de mão de obra não qualificada. Esse ponto foi recentemente realçado pelo fato de o governo britânico, depois de anos demonizando os migrantes da Europa Oriental, ter implorado para que voltassem, quando eles regressaram a casa no auge da pandemia do coronavírus e abandonaram os britânicos à própria sorte. Portanto, tentar resolver "racionalmente" a escassez de mão de obra e as proporções de dependência desfavoráveis pode não gerar o tipo de resultado que muitos eleitores do Brexit tinham em mente quando votaram para "retomar o controle". Sair da UE pode desacelerar a imigração da Europa Central e Oriental, mas é provável que a substitua, no devido tempo, por fluxos equivalentes ou maiores provenientes de partes menos desenvolvidas da África, Ásia ou América do Sul.

Se as invasões "bárbaras" em grande escala do período romano tardio não fornecem, no final, nenhum tipo de analogia para a atual imigração ao Ocidente moderno, elas podem, no entanto, ser mobilizadas como um contraponto eficaz, pelo qual se pode compreender por que não o fazem. O final do Império Romano assistiu a uma forma particular de migração, que rapidamente se transformou em uma luta armada pelo controle de um estoque fixo de bens fundiários. A imigração para o Ocidente desde 1945, em total contraste, envolveu muito mais ganhos econômicos do que perdas para os países receptores, e o benefício global só aumentou, à medida que as populações nativas ocidentais envelhecem e a proporção de dependência aumenta. Tal como acontece com o Japão, os países podem, no entanto, optar por controles de imigração muito extensos por razões culturais e políticas; mas controles de imigração rigorosos estão fadados a reduzir os padrões de vida gerais a longo prazo, em um contexto de envelhecimento da população e de estagnação da produtividade. A migração não é gratuita, nem para os imigrantes, nem para as sociedades que os acolhem, nem para os países de onde partem, mas os políticos precisam, no mínimo, ser muito mais honestos sobre as trocas envolvidas, e isso provavelmente levaria a melhores resultados se também se referissem, pelo menos ocasionalmente, à história de migração moderna mais importante de todas.

Ao longo dos últimos 100 anos, o maior movimento de pessoas já conhecido esteve efetivamente em curso, mas apenas uma pequena fração delas entrou no Ocidente. Os cidadãos do mundo em desenvolvimento têm abandonado as suas casas rurais em números verdadeiramente surpreendentes, ultrapassando até mesmo a maior invasão "bárbara" da antiguidade; mas a esmagadora maioria acabou em cidades costeiras e ribeirinhas próximas. Cidades como Shenzhen, São Paulo, Lagos, Mumbai e centenas de outras passaram de postos coloniais a metrópoles surpreendentes no espaço de apenas algumas décadas. É esse movimento de pessoas, a muitos milhares de quilômetros das fronteiras ocidentais, e não a chegada de alguns recrutas muito necessários para a força de trabalho de um Ocidente envelhecido e em declínio, que representa o verdadeiro desafio, baseado na imigração para a continuação da prosperidade ocidental e da influência global.

7
O Poder e a Periferia

O ano de 1999, que contou com o discurso triunfal de Bill Clinton sobre o Estado da União, parecia ser um grande ano para o presidente. Recém-absolvido em um processo de impeachment, bem cotado nas pesquisas enquanto dominava uma economia em expansão e um mercado de ações em alta, ele pretendia fechar o ano com um final igualmente adequado: sediar a mais recente de uma longa série de cúpulas comerciais globais em Seattle, onde poderia celebrar a difusão do modelo ocidental em todo o mundo global.

Durante meio século após 1945, os governos ocidentais impulsionaram a agenda comercial global, em conformidade com o modelo da conferência de Bretton Woods. A abordagem típica no GATT, ou no seu sucessor na OMC, tinha sido a de um punhado de países ricos chegar a um acordo e depois apresentá-lo como um fato consumado a todos os outros. Em 1999, os países em desenvolvimento ansiavam há muito por um lugar adequado à mesa e pela oportunidade de apresentar itens da agenda que os Estados Unidos persistiam em excluir — acima de tudo, a recusa generalizada dos países desenvolvidos em abrir seus mercados agrícolas. Infelizmente para Clinton, foi nesse encontro que as coisas enfim saíram do roteiro. Quando ele se iniciou, protestos nas ruas, que reuniram todos, desde sindicatos a ambientalistas, fecharam Seattle. Entretanto, uma coligação de países em desenvolvimento, liderada por alguns dos países mais influentes, como a Índia e o México, se uniu contra as tentativas de Clinton de forçar um acordo que mais uma vez ignorava largamente as suas exigências. Muitos deles ainda enfrentavam as medidas de austeridade impostas pelos Estados Unidos como condição para sua ajuda durante a crise financeira de 1997–1998. À medida que os protestos se intensificavam, a polícia declarou estado de emergência e a Guarda Nacional invadiu a cidade, enquanto a discussão era interrompida nas salas de conferências. Clinton declarou que não poderia levar as coisas adiante.

Em vez de lançar uma invasão, a periferia moderna usou a diplomacia para disparar um tiro de advertência na base do Império Ocidental, liderado pelos americanos. Pela primeira vez em 50 anos de negociações comerciais, o centro imperial foi paralisado. O que mudou?

GLOBALIZAÇÃO

Embora o principal efeito do boom global no pós-guerra tenha sido o aumento no padrão de vida no Ocidente, também aumentou a procura por matérias-primas produzidas nas economias menos desenvolvidas das antigas colônias europeias. O crescimento econômico resultante não impediu que a maioria dos países do Terceiro Mundo ficasse ainda mais atrás do Ocidente em termos relativos, porque a maioria dos novos Estados independentes adotou estratégias de desenvolvimento protecionistas e introspectivas, orientadas para a produção local de substitutos dos produtos industriais ocidentais que havia importado na era colonial. Concebidas para reforçar a política com independência econômica, tais estratégias tiveram o efeito paradoxal de transferir o subdesenvolvimento para a periferia pós-colonial. As novas indústrias locais ainda dependiam de tecnologia e maquinário ocidentais importados, de modo que essa estratégia perpetuou, acidentalmente, os mesmos velhos padrões econômicos: exportar bens primários — tudo, desde produtos alimentares até matérias-primas utilizadas nas fábricas ocidentais — e utilizar as receitas para comprar bens industriais dos países ocidentais.

Na década de 1970, a ordem do pós-guerra estava encalhada. A expansão, muitas vezes rápida, que se seguiu à independência — já que os novos países emergentes aproveitavam a crescente procura dos seus produtos primários e construíam seus setores industriais —, deixou de gerar elevados níveis de crescimento quando o modelo de substituição de importações atingiu os limites naturais. Após a saturação dos mercados nacionais, a única opção para as novas indústrias era seguir os setores de bens primários e tentar exportar. Mas muitas das fábricas tinham sido equipadas com maquinário ocidental de segunda mão, cada vez mais obsoleto, e consequentemente lutavam para competir nos mercados da economia mundial, sem acesso a novas tecnologias e ao investimento de capital para adquiri-las.

No Ocidente, o boom do pós-guerra também diminuía. No final da década de 1960, a inflação, em grande parte adormecida desde 1945, subiu antes de acelerar para terríveis dois dígitos, devido, em parte, aos dois choques petrolíferos da década de 1970. A OPEP (Organização dos Países Exportadores de Petróleo) criou uma coligação dos que eram então países periféricos, para controlar o fluxo de petróleo para a economia mundial, quadruplicando o valor do barril de petróleo, o que consumiu muito mais dinheiro dos países ocidentais. No Ocidente, esse também foi o momento em que o crescimento da produtividade do trabalho começou a diminuir, proporcionalmente ao tamanho da força de trabalho ativa (p. 113). Ambos os desenvolvimentos exerceram pressões ascendentes sobre os custos laborais. O resultado final foi a estagflação, um cenário de pesadelo de pouco crescimento e inflação elevada, que arruinou o sono de muitos políticos da década de 1970, desde o primeiro-ministro James Callaghan ao presidente Jimmy Carter. No início da década de 1980, à medida que as economias ocidentais mergulhavam na recessão, os preços subiam mensalmente e as taxas hipotecárias subiam para 20%; os ocidentais tinham de gastar mais, ao mesmo tempo que ganhavam menos, tornando cada vez mais problemático para os governos financiarem os programas de previdência social do berço ao túmulo.

Depois de uma série de iniciativas fracassadas, de subsídios estatais e de nacionalizações ineficazes, uma massa crítica de políticos ocidentais avançou com cautela em direção a uma solução mais radical, oferecida por um consenso emergente entre os chamados economistas neoliberais, como Milton Friedman e Friedrich Hayek. Eles propuseram abandonar o modelo keynesiano de gestão econômica dominante, reduzir as despesas públicas e substituí-las por uma abordagem de hipermercado livre, que encorajaria as empresas a fazer o que desejassem. Desde a guerra, as mudanças na tecnologia juntaram-se, literalmente, para aliviar a produção e reduzir o impacto da distância nos preços. Nas eras industriais anteriores, as fábricas em geral tinham de localizar as suas operações perto da fonte das suas principais matérias-primas e dos seus principais mercados para limitar os dispendiosos custos de transporte. Mas, com a miniaturização dos componentes e a ascensão dos plásticos — dando adeus aos televisores de meados do século, por exemplo, que eram gigantes revestidos de madeira, cheios de peças pesadas de metal e vidro — foi possível colocar muito mais valor em um único envio. O custo do frete também caiu. A invenção dos contêineres — grandes caixas de aço, enchidas e seladas em seu ponto de partida, permanecendo assim até chegarem ao destino — significou não só menos 'deslizamentos' (como a mercadoria não era movimentada, nada podia "cair da traseira do caminhão"), mas também muito menos mão de obra envolvida no processo. Em vez do exército de estivadores necessário para carregar e descarregar em cada cruzamento de uma rede comercial — do caminhão ao trem, ao navio e depois vice-versa —, contêineres inteiros podiam ser transportados de um meio para outro por um único operador de guindaste. Finalmente, os avanços na tecnologia das comunicações, que começaram com o aparelho de fax e progrediram para a internet, possibilitaram monitorar as operações de um fornecedor estrangeiro em tempo real, o que permitiu às empresas transferir mais operações para localidades cada vez mais distantes.

Antes de as empresas tirarem o máximo proveito dessa nova era de possibilidades impulsionadas pela tecnologia, elas tiveram primeiro de eliminar as barreiras e regulamentações que limitavam as operações no estrangeiro. Foi aí que os políticos se envolveram. A partir do final da década de 1970, a partir das eleições de Margaret Thatcher e Ronald Reagan, os governos ocidentais passaram a remover os controles de capitais — que regulavam o fluxo de dinheiro através das fronteiras — e a cortar impostos, ao mesmo tempo que usavam sua influência diplomática e financeira para pressionar os países em desenvolvimento a abrirem seus mercados internos para o comércio e investimento externos. Os programas do Banco Mundial e do FMI para ajudar os países em desenvolvimento começaram, então, a anexar as chamadas cláusulas de "condicionalidade". Em troca de apoio financeiro, os governos beneficiários foram pressionados a reduzir as barreiras ao comércio, a privatizar empresas estatais ou a remover regulamentações nos mercados, abrindo suas economias a empresas e investidores estrangeiros.

O Ocidente estava empurrando uma porta aberta. Na periferia global, os governos procuravam novas formas de satisfazer as exigências das populações crescentes por empregos, habitações e serviços, uma vez que a substituição de importações tinha atingido o limite. Também nessa altura, a confiança de uma classe empresarial nacional, que inicialmente recorrera aos seus governos para as proteger da concorrência estrangeira após a independência, crescia. Famílias como os Tatas da Índia, que nas décadas de 1950 e 1960 se contentaram em se abrigar sob a proteção do Estado enquanto construíam suas operações, estavam prontas para competir no cenário mundial. Elas queriam, sobretudo, obter divisas, suprimentos mais baratos e novos mercados, o que exigia um controle reduzido do setor público. A elite empresarial encontrou aliados para essa nova orientação nos corredores do poder, entre políticos que tentavam atrair novos apoiadores e funcionários públicos que estavam interessados em promover mudanças. Do México a Moçambique, a independência produziu uma elite profissional e tecnocrática de funcionários públicos, muitos formados em universidades ocidentais, dispostos a experimentar novos métodos de gestão econômica e que defendiam menor controle estatal direto sobre a alocação de recursos.

Eles também tinham um exemplo impressionante para imitar. Depois da guerra, confrontado com a ameaça soviética — e após a tomada de poder pelos comunistas na China continental em 1949, com um bloco comunista aparentemente ascendente —, o Ocidente, liderado pela América, procurou criar um contrapeso regional. Usaram a política comercial para facilitar o crescimento econômico do Japão e dos quatro "Tigres Asiáticos": Coreia do Sul, Taiwan, Singapura e Hong Kong (então arrendados pela China à Grã-Bretanha). Por razões políticas, todos esses Estados foram autorizados a envolver-se em práticas comerciais "injustas", protegendo suas próprias indústrias da concorrência das importações, ao mesmo tempo que desfrutavam um acesso relativamente irrestrito aos mercados ocidentais. Por rejeitar o modelo de substituição de importações, esses países empregaram o que veio a ser chamado de abordagem do crescimento do "Estado desenvolvimentista". Ao alimentar algumas indústrias de exportação importantes, como a automobilística e a eletrônica, abriram o resto das suas economias às importações. Os resultados foram espetaculares. A certa altura, a economia sul-coreana duplicava de tamanho a cada 6 anos (é fácil esquecer que até a década de 1970 a do Norte, comunista, era a mais rica das duas Coreias). Isso manteve os países ocidentais felizes, uma vez que tinham mercados crescentes para vender, para não falar de populações amigas que desfrutavam de uma prosperidade recém-descoberta.

Tudo estava preparado para uma conjunção de interesses. Os governos ocidentais estavam prontos para libertar capital no mundo, e as suas contrapartes no mundo em desenvolvimento estavam prontas para facilitar às empresas estrangeiras, muitas vezes ocidentais, a utilização dos seus trabalhadores para transformar peças importadas em produtos acabados para reexportação. Isso foi possível através da criação de subsidiárias no exterior ou da contratação de empresas locais, como a da família Tata. O último elemento subjacente à explosão econômica que se seguiu foi o fenômeno com que encerramos o capítulo anterior: a maior migração humana que o mundo já viu.

Nas décadas seguintes a 1945, muitas grandes cidades da periferia foram tomadas por uma onda de migrantes rurais, que saíram em busca das oportunidades que a independência pareceu prometer. Reduzindo completamente o correspondente fluxo migratório para o Ocidente, isso significava que muitas cidades (particularmente costeiras) do mundo em desenvolvimento já estavam cheias de centenas de milhões de migrantes provenientes do campo, à medida que a maré da globalização começava a subir. Eles procuraram trabalho nos setores industriais nascentes dos seus países, mas a substituição de importações gerou apenas emprego limitado, razão pela qual poucos tiveram sucesso. Contudo, normalmente eles recebiam educação básica, uma vez que os governos pós-coloniais investiam muito em escolas e universidades. À medida que o Ocidente se desregulamentava, os países em desenvolvimento ofereciam às suas empresas acesso a vastas reservas de mão de obra, equipadas com competências básicas e alfabetização, por uma fração do custo das suas contrapartes ocidentais: o mesmo trabalho era, por vezes, realizado por um quinto do preço.

A globalização neoliberal da era Reagan-Thatcher abriu esse fervilhante mercado de trabalho às empresas ocidentais. Estas começaram a transferir processos de montagem com utilização intensiva de mão de obra, como a tecelagem têxtil ou a produção de peças de automóveis, para o Terceiro Mundo, enquanto mantinha empregos de escritório mais qualificados, como design, engenharia e gestão no seu país. Com o tempo, a visão de mundo neoliberal ultrapassou os seus defensores originais nos partidos conservadores do Ocidente, e também encontrou uma aceitação considerável na esquerda. Seja na forma da “Terceira Via” de Bill Clinton ou de Tony Blair, do “novo meio” das reformas econômicas do Plano Hartz, na Alemanha do início deste século — que procuravam "encorajar" os que buscavam emprego a trabalhar, reduzindo os seus benefícios — ou, mais recentemente, do programa de reformas de Emmanuel Macron na França, que cortou impostos e alterou as leis trabalhistas, o keynesianismo foi suplantado como a doutrina econômica dominante do Ocidente. Em vez de um Estado benevolente, que visava gerir a economia para que as empresas e os cidadãos pudessem prosperar, tudo deveria, agora, ser deixado a um mercado livre em que o "interesse próprio esclarecido" gerasse resultados socialmente benéficos. Um elemento-chave do modelo neoliberal foi uma ênfase renovada na educação, de modo que aqueles que ficaram desempregados no Ocidente devido ao colapso das velhas indústrias pudessem adquirir competências novas e mais comercializáveis; entremos no clichê dos mineiros de carvão que aprendem a programar. E como a maior parte do mundo em desenvolvimento se abriu no início da década de 1990, todo o processo industrial que tornou o Ocidente tão dominante foi reorganizado à escala global, a uma velocidade vertiginosa. Os investidores privados ocidentais, incluindo os grandes intervenientes institucionais — como os vastos fundos de pensões que cresceram no período pós-guerra —, precisavam de retornos mais elevados para sustentar as promessas feitas aos seus clientes, e então forneceram avidamente o capital necessário para fazer o processo avançar.

A curto prazo, essas manobras revolucionárias tiveram o efeito desejado de restaurar os lucros corporativos no Ocidente e, portanto, de aumentar o valor das ações e das receitas fiscais. Isso permitiu aos governos ocidentais manter e até expandir os gastos sociais, se assim o desejassem. A liberalização do comércio e a externalização da produção também permitiram aos políticos, que lutavam para aumentar os salários, manter a inflação baixa, pelo menos, uma vez que todos podiam, então, comprar produtos importados asiáticos mais baratos, em vez de produtos caseiros caros. Com efeito, os cálculos econômicos subjacentes aos modernos padrões de comércio global evoluíram para a imagem espelhada dos seus antigos antecessores romanos. No mundo romano os custos de transporte eram altos e a mão de obra barata, por isso os bens eram fabricados o mais próximo possível do ponto de consumo. Na era da globalização, os custos de transporte tornaram-se mínimos — todos aqueles enormes transportadores tripulados por vários computadores e algumas dezenas de pessoas — e a mão de obra custa muito, por isso os produtos eram fabricados onde a mão de obra era barata e depois enviados para o resto do planeta. Nos seus primeiros anos, particularmente durante a década de 1990, essa nova ordem internacional parecia funcionar para todos. O Terceiro Mundo prosperou, enquanto os mercados de ações ocidentais dispararam.

Nem todas as sociedades periféricas se beneficiaram. Em alguns casos, a ganância dos políticos venceu. A riqueza do Zaire (atual República Democrática do Congo) foi saqueada durante mais de 30 anos pelo seu líder de longa data, Mobutu Sese Seko, enquanto a Venezuela, sob Nicolas Maduro, ofereceria ao mundo um exemplo clássico de como não gerir uma economia, reduzindo o crescimento e aumentando a inflação, o que resultou em escassez crônica. Mesmo nos países que lucravam com uma melhor liderança, o paternalismo característico da era da substituição de importações logo deu lugar a sistemas sociais mais competitivos e inseguros, nos quais as pessoas eram cada vez mais deixadas à própria sorte. No entanto, onde quer que o mundo em desenvolvimento respondesse positivamente às novas possibilidades, o crescimento econômico geralmente acelerava e criava novas oportunidades de negócios e de emprego. Embora durante muito tempo se tenha assumido que o crescimento mais lento da periferia era uma condição crônica e que essas sociedades permaneceriam para sempre mais pobres do que as dos seus antigos senhores imperiais, uma nova imagem começou a emergir. Ficou claro que o progresso da periferia só foi mais lento porque começou mais tarde. Durante as décadas de 1980 e 1990, muitos países em desenvolvimento passaram a negociar cada vez mais com o mundo exterior (o aumento foi significativo em países como a Coreia do Sul e a Índia), e nas sociedades de crescimento mais rápido os ganhos foram suficientemente generalizados para criar uma nova classe média de consumidores globais.

No entanto, abaixo da superfície, essa maré crescente de prosperidade periférica estava alterando decisivamente o curso da dominação global ocidental, da mesma forma que a expansão econômica e demográfica de longo prazo no Norte da Europa acabou por minar o antigo equilíbrio de poder que tinha sustentado a ascensão de Roma. Nos séculos antes e depois do nascimento de Cristo, uma base de recursos mediterrânea tinha sido suficiente para permitir a Roma realizar enormes conquistas em todo o norte da Europa. Contudo, à medida que se tornaram mais desenvolvidos, primeiro os recursos do Norte permitiram à periferia imperial resistir à dominação do Centro e depois a controlar o próprio Mediterrâneo a partir de uma nova localização. De modo semelhante, embora operasse a um ritmo muito mais rápido de desenvolvimento industrial do que agrícola, o sistema de Bretton Woods, que serviu tão poderosamente aos interesses ocidentais depois de 1945, foi elaborado em um momento de força americana sem precedentes. Depois de 1980, o novo peso econômico da periferia começou a alterar esse equilíbrio de poder de forma sutil, mas significativa. Vários países em desenvolvimento, incluindo a Índia, o Brasil, o Paquistão e o México, começaram a posicionar-se de forma mais eficaz para exercer maior influência e construir alianças em reuniões internacionais. Não só eram mais capazes e empenhados em conseguir melhores negócios para si mesmos e para outros países em desenvolvimento, como também, cada vez mais, tinham importantes moedas de troca: o acesso aos seus mercados, que os países ocidentais tanto procuravam.

Dadas essas trajetórias de desenvolvimento, era apenas questão de tempo até que os governos em desenvolvimento convertessem maior poder econômico e sofisticação governamental em melhor influência política. Nas ruas de Seattle, naquela tarde de outono, multidões de grupos da sociedade civil ocidental saíram em massa para protestar contra o que consideravam ser as iniquidades e desigualdades da globalização neoliberal nas suas próprias sociedades. Mas a verdadeira ação ocorria por trás das portas, no local da conferência. Ali, enquanto o gás lacrimogêneo sufocava as ruas do lado de fora, uma coligação nascente de países em desenvolvimento, alienada por todos os negócios de bastidores liderados pelos EUA, encerrou o encontro da OMC de 1999, recusando-se a negociar. Quando finalmente foi retomada, 2 anos mais tarde em Doha, a coligação fez com que abordassem uma agenda totalmente diferente, com atenção muito maior às preocupações dos países em desenvolvimento. A ordem global, criada em 1945 para manter o domínio ocidental em uma era de descolonização clara, sofreu um golpe fatal.

Mas, tal como aconteceu com a Roma antiga, uma periferia interior ruidosamente assertiva não era, na verdade, o maior problema do Ocidente. Em um passado mais remoto, a ascensão do Norte no primeiro milênio mudou para sempre o equilíbrio de poder europeu, inviabilizando um Império localizado no Mediterrâneo; mas isso ocorreu a longo prazo. A infiltração anglo-saxônica no sul da Grã-Bretanha e a expansão franca a oeste do Reno foram, como vimos, uma parte relativamente pequena da história do colapso imperial romano. Muito mais importante foi a pressão dos hunos da periferia exterior, que levou ao surgimento de novas coligações em solo romano. Da mesma forma, embora a globalização tenha minado os acordos pós-guerra promulgados em Bretton Woods, isso dificilmente representou uma revolução geoestratégica. No entanto, ao mesmo tempo que a globalização refazia as economias da antiga periferia interior, emergia uma ameaça muito maior à contínua dominação global do Ocidente em territórios que sempre pertenceram à periferia exterior do sistema imperial ocidental.

SÍNDROME DA CHINA

Com uma média de cerca de um em cada quatro seres humanos vivendo dentro das suas fronteiras durante a maior parte da história registrada, a China sempre foi a maior economia do mundo, até a ascensão do Ocidente e o seu próprio declínio após 1800. Repetidamente humilhada pelas potências ocidentais, a China imperial caiu em uma guerra interna, enquanto os esforços do final do século XIX para reformar e modernizar as suas estruturas, seguindo o exemplo do Japão contemporâneo, foram corroídos pela corrupção de poderosos interesses pessoais. Como resultado, a China teve a distinção dolorosamente incomum de ver a sua economia regredir nessa era, não apenas em relação a um Ocidente ascendente, mas em termos absolutos, à medida que grande parte da sua população afundava na pobreza. Na época da Revolução Comunista de 1949, o Reino Médio havia se tornado uma sombra do que fora. As tentativas subsequentes de Mao Tsé-Tung de construir uma economia fechada e autossuficiente apenas reforçaram o atraso. À data de sua morte, em 1976, o rendimento per capita do país era de cerca de US$200 por ano, menos de um quadragésimo do rendimento da América. Nas décadas seguintes, a China atuou, em grande parte, separada do Império Ocidental do pós-guerra, com um envolvimento apenas marginal nas suas estruturas econômicas, que viam menos de um décimo do seu PIB total ser comercializado externamente.

Após a morte de Mao, as coisas mudaram drasticamente — embora a mudança fosse quase imperceptível no início. Depois de algumas semanas frenéticas, um novo grupo de reformadores, liderados por Deng Xiaoping, assumiu o poder em Pequim, expulsando o Grupo Comunista dos Quatro, mais linha dura, que incluía a viúva de Mao, Jiang Qing. Oficialmente, a China manteve-se no rumo traçado por Mao, com o seu retrato ainda a pairar sobre a Praça Tiananmen.

Extraoficialmente, Deng iniciou uma revolução — embora com cautela — com algumas reformas agrícolas em 1978, e depois ganhou ritmo aos poucos, à medida que o governo liberalizava de forma progressiva a indústria e o comércio. Na década de 1990, o país estava totalmente de volta à cena mundial, e a parte da sua produção econômica que comprou ou vendeu no estrangeiro quadruplicou em apenas 15 anos. A economia chinesa cresceu e igualou o recorde estelar dos quatro Tigres Asiáticos. Em 2016, o cidadão chinês era, em média, 25 vezes mais rico em termos reais do que 40 anos antes, com um rendimento per capita que era, agora, superior a um quarto do rendimento dos Estados Unidos (e continua crescendo). A cota da China na produção industrial global, insignificante em 1976, aumentou correspondentemente para quase um quarto, e hoje o país é — ou será em breve, dependendo da medida que se utilizar — a maior economia do mundo.

A importância dessa extraordinária mudança radical na história mundial é imensa. As consequências totais ainda estão sendo definidas, mas uma tal transformação revolucionária na distribuição do poder econômico global terá, necessariamente, consequências políticas enormes e em paralelo. Pela primeira vez, em sua essência, o Império Ocidental encontra-se perante uma verdadeira superpotência concorrente. A antiga União Soviética nunca teve a influência econômica necessária para corresponder às suas ambições militares, e foi incapaz de alargar sua influência global, com apoio econômico, a um punhado de clientes estrangeiros (p. 82). Tampouco, apesar da retórica renascente da Guerra Fria, as tentativas de Vladimir Putin para restaurar a grandeza da Rússia fizeram muito para mudar essa situação. A economia russa se baseia, em grande parte, nas vendas de petróleo e gás, o que já era um risco a longo prazo, à medida que o mundo se afasta dos combustíveis fósseis. A implosão econômica que resultou da imposição de sanções ocidentais após a invasão da Ucrânia por Putin, em 2022, destacou o quão frágil e limitada é a base econômica russa. Entretanto, o sucesso do país em minar democracias ocidentais através de guerras cibernéticas, que por vezes foram impressionantes, depende, em última análise, da cooperação de fantoches ocidentais cada vez menos dispostos a encaminhar e-mails, financiar campanhas políticas desestabilizadoras ou recircular notícias falsas. Mesmo a tão alardeada máquina militar da Rússia, quando lançada contra as forças militares muito menores da vizinha Ucrânia, revelou-se pesada, ultrapassada e várias vezes inepta.

A China apresenta um quadro completamente diferente. Se suas forças armadas ainda não foram testadas em grandes conflitos, sua cota no PIB global situa-se, hoje, na casa dos 16% (em comparação aos 2% da Rússia). O governo autoritário também conseguiu limitar tanto o consumo privado quanto a despesa pública em áreas como o bem-estar, o que o deixa livre para direcionar quase metade da produção econômica total da economia para novos investimentos. Esse é um número surpreendente, aproximadamente o dobro, e até o triplo — no caso de um país retardatário, como a Grã-Bretanha — da maioria dos países ocidentais, entre os quais mesmo a regrada Suíça mal alcança um terço. Significa também que a China tem muito dinheiro disponível para projetar poder no exterior.

Até agora, o estatuto renovado de superpotência da China, entrelaçado com a dinâmica econômica que já estava crescendo em grande parte do mundo em desenvolvimento, expressou-se principalmente nas arenas do poder brando. Embora ainda dominado pelo Ocidente, o sistema financeiro global passou a depender cada vez mais dos fluxos financeiros do mundo em desenvolvimento, e Hong Kong, Singapura, Xangai e Dubai se tornaram centros bancários a par das antigas capitais financeiras de Londres, Nova York e Zurique. E, em uma época em que o Ocidente tem geralmente cortado os orçamentos de ajuda, a China interveio para preencher o vazio, aumentando a sua ajuda externa para ganhar numerosos aliados diplomáticos. Basta passear por Adis Abeba ou Lusaka, com seus novos e extensos edifícios de escritórios, complexos comerciais e estradas construídas pela China, para ver a rapidez com que o país expande sua presença no continente africano, em particular. Como resultado, os governos, um após o outro, abandonaram Taiwan, a província separatista para a qual o regime nacionalista sob Chiang Kai-shek recuou na época da Revolução Comunista, reconhecendo Pequim, e não Taipei, como o único, verdadeiro governo chinês.

Mais recentemente, porém, começou a revelar-se um aspecto mais difícil em relação ao poder crescente da China. O país abandonou o antigo exército popular de recrutamento em massa, do período maoista, para criar forças armadas menores e mais especializadas, equipadas com a mais recente tecnologia. Nos últimos anos, construiu dois porta-aviões (com outros quatro em preparação), uma série de ilhas artificiais militarizadas, perto do território nacional, e uma série de bases militares na Ásia e no Oceano Índico. À medida que intensifica os exercícios militares ao largo de Taiwan e reforça o domínio sobre Hong Kong, a China utiliza seus meios militares para afirmar a influência regional, consternando os governos asiáticos vizinhos e os Estados Unidos, cuja própria influência consequentemente diminui. Tal como o seu antecessor romano no século III, o moderno Império Ocidental enfrenta agora a sua própria superpotência concorrente. E mesmo que, como a Pérsia Sassânida, a ascensão da China não tenha minado imediatamente o status de superpotência do próprio Ocidente, ela coloca uma série de desafios diretos e indiretos que, mais cedo ou mais tarde, terão de ser enfrentados.

ALÉM DO FIM DA HISTÓRIA?

Em 1992, depois de ver a queda do Muro de Berlim, Francis Fukuyama proferiu a famosa declaração de que tínhamos chegado ao "fim da história". Ele afirmou que o modelo ocidental de democracia liberal era agora tão dominante em todo o mundo que a evolução ideológica da humanidade tinha chegado à sua conclusão natural. Todos nós iríamos acabar como Estados capitalistas democráticos liberais. Mesmo na época, isso pareceu arrogante. Hoje, parece delirante. A surpreendente ascensão econômica de grande parte da antiga periferia interior — apoiada pela expressiva migração interna das últimas décadas — e a explosão da China na cena mundial a partir da periferia exterior deixam claro que, se a dominação global ocidental não tiver sido derrubada, está certamente sendo desafiada, e pela primeira vez de forma efetiva. Não há a menor possibilidade de que qualquer um desses desenvolvimentos se revele efêmero. Tal como a lista dos ricos globais começou a ser povoada por multimilionários do sul global, cujos números aumentam todos os anos, muitas economias periféricas também passaram de retardatárias perenes às mais dinâmicas do planeta. Como resultado, todas as economias de crescimento mais rápido do mundo pertencem agora à antiga periferia. O regresso da China ao centro da economia global é um fenômeno extremamente importante, mas o desafio global para o Ocidente é muito mais do que uma história chinesa. Nos últimos anos, a taxa de crescimento econômico anual da Índia, há muito ridicularizada pela lentidão, ultrapassou a da China, enquanto, em 2019, seis das quinze economias de crescimento mais rápido do mundo eram africanas. O continente africano ainda evoca imagens estereotipadas de fome e enfermidades nas mentes ocidentais, mas surge uma nova realidade de convergência econômica.

O evidente dinamismo da economia chinesa e do mundo em desenvolvimento em geral, comparado ao declínio das taxas de crescimento no Ocidente, também ocasionou um sério exame de consciência sobre as falhas da democracia e a suposta superioridade dos sistemas autoritários. Embora os autocratas possam ter as suas desvantagens, uma linha de pensamento diz que pelo menos eles conseguem fazer as coisas, e a resposta desajeitada de alguns governos ocidentais à pandemia do coronavírus apenas reforçou essa opinião. A maior parte da nova riqueza mundial é gerada fora do antigo núcleo imperial e, consequentemente, os valores ocidentais perdem seu brilho, mesmo entre alguns países do Ocidente, apesar de este ainda ser responsável pela maior parte do PIB global e das respostas mais bem-sucedidas do leste asiático ao desafio do coronavírus terem acontecido em democracias, como na Coreia do Sul e em Taiwan. Em vez de continuar a subscrever o triunfalismo pouco convincente de Fukuyama ou de seguir a moda atual (igualmente acrítica) da autocracia, a história romana nos oferece uma forma alternativa de pensar sobre o que poderá acontecer a seguir.

Analisando as diferentes fases das relações do Império Romano com o mundo que o rodeava, é inicialmente tentador pensar que o Império Ocidental moderno evoluiu agora ao ponto que a sua antiga contraparte atingiu nos últimos séculos III e IV. Essa foi a época em que a Pérsia se tornou, mais uma vez, um concorrente das superpotências, e que as periferias europeias do Império estavam em ascensão. Isso já seria suficientemente desafiador, mas, ao olhar mais de perto, as circunstâncias atuais parecem-se muito mais com a situação ainda mais precária da década de 420, quando as novas confederações já tinham estabelecido assentamentos permanentes em solo ocidental. Isso não acontece porque os imigrantes "bárbaros" estão se mudando para o Ocidente moderno em números cada vez maiores. Os imigrantes de hoje geralmente apoiam, e não ameaçam, as economias e sociedades do mundo desenvolvido (Capítulo 6). O verdadeiro paralelo aqui reside em lembrar *por qual* razão aqueles assentamentos do século V, constituídos em grande parte por grupos deslocados da periferia interna, eram um problema tão grande para a Roma Antiga. As terras agrícolas eram o seu meio fundamental de geração de riqueza. Os assentamentos "bárbaros" minaram diretamente o sistema imperial ao removerem do seu controle uma porcentagem significativa do estoque total de ativos geradores de riqueza, deixando que o Estado central tentasse cumprir os seus deveres para com os seus cidadãos com um rendimento muito reduzido.

No caso moderno, a periferia ex-colonial não terá motivos para invadir o centro, porque o mesmo efeito global está sendo alcançado pela transferência, para a periferia, do controle de uma parte significativa dos ativos geradores de riqueza do mundo moderno: nesse caso, o maquinário de produção industrial, e não as terras agrícolas. Em vez de organizarem exércitos de soldados, os Estados da periferia moderna mobilizaram exércitos de trabalhadores. Em ambos os casos, as transferências de ativos começaram como políticas adotadas em resposta a crises graves. Mas as respostas de curto prazo a crises imediatas têm, frequentemente, consequências imprevistas e de longo prazo.

No caso romano, os assentamentos iniciais na Espanha e na Gália, na década de 410, foram uma forma de lidar com os migrantes deslocados pela ascensão dos hunos. Os assentamentos criaram poderosas entidades periféricas em solo romano, mas, nessa altura, o centro imperial continuou a ser a potência mais forte dentro do Império Ocidental como um todo. Contudo, quando esses colonos se espalharam para o Norte da África na década de 430, o equilíbrio do poder econômico e, portanto, político, oscilou substancialmente para longe do centro. Esse processo continuou até que, após o fracasso da última tentativa de Constantinopla de resgatar o Ocidente em 468 com a destruição do reino vândalo no Norte da África, as periferias emergentes (visigodos, vândalos e borgonheses na liderança) conseguiram rapidamente derrubar os últimos vestígios de influência central, assumindo o controle do que restava das suas terras agrícolas geradoras de riqueza. Está o Ocidente moderno destinado a seguir uma trajetória semelhante ao desaparecimento efetivo, perdendo o controle de uma massa crítica dos seus ativos produtivos?

O declínio relativo do Ocidente moderno e a ameaça potencial representada por uma China ressurgente já suscitaram duas amplas respostas dos governos ocidentais, que têm dificuldade em não ansiar pelo *status quo ante*, ou pelo menos por algo mais parecido. A presidência de Trump procurou minar o crescente poder brando da China ao cortar suas asas econômicas, uma estratégia explícita nos seus esforços para promover acordos comerciais mais rígidos. Além disso, vários governos ocidentais buscaram reafirmar sua presença militar para controlar o que consideram ser o vanguardismo chinês; em 2019, o secretário de Defesa britânico anunciou que enviaria o novo porta-aviões do país para o Mar da China Meridional. À medida que a China expande a sua presença na vizinhança imediata, aproximando-se perigosamente de uma esfera de influência americana de longa data no Pacífico, as tensões inevitavelmente aumentarão. As vozes mais pessimistas alertaram mesmo para uma iminente "Armadilha de Tucídides", a suposta regra segundo a qual uma potência em declínio, antes proeminente, em algum momento entrará em guerra com um concorrente em ascensão.

Por mais atraentes que essas abordagens obstinadas sejam para alguns públicos ocidentais, elas ainda não produziram muitos frutos. O governo chinês rapidamente refreou o inconsequente secretário de Defesa britânico, lembrando a Londres, em termos inequívocos, que ele já não vivia no século XIX. Naquela altura, a Grã-Bretanha pregava o evangelho do comércio livre, precisamente porque tinha artilharia para forçar os mercados chineses a aceitar os seus produtos industriais e o ópio indiano. Hoje, a Grã-Bretanha precisa da permissão de Pequim para entrar nos mercados chineses, e a sua vontade de garantir um acordo comercial pós-Brexit com a China forçou rapidamente o governo britânico a recuar e a brindar à "relação forte e construtiva" dos dois países — ao mesmo tempo que esclareceu que o porta-aviões não iria a lugar nenhum por pelo menos alguns anos.

Embora os Estados Unidos tenham muito mais poder para exercer do que a Grã-Bretanha, não está claro o que ganhariam com isso. Donald Trump prometeu que seria "bom e fácil" vencer uma guerra comercial contra a China, mas isso acabou por prejudicar ainda mais os EUA. O então presidente alegou que as tarifas que impôs em 2018 para forçar a China a voltar à mesa de negociações seriam pagas pelas empresas chinesas, mas a conta ficou para os americanos na forma de preços mais elevados, exportações reduzidas e cerca de 300 mil empregos perdidos durante o impasse. E enquanto a produção industrial norte-americana caiu durante a disputa, a China apenas substituiu as vendas perdidas nos EUA por exportações para outros mercados. Dada a forma como a economia dos EUA se tornou intimamente interligada com a da China ao longo das últimas décadas, qualquer possível dano econômico que os EUA pudessem infligir ao seu rival estaria fadado a produzir danos colaterais correspondentes a nível interno.

A lição principal que a história romana tem para oferecer aqui é de que o confronto direto com uma superpotência concorrente não é uma boa forma de preservar o que resta da sua própria proeminência, em uma época em que outros desenvolvimentos desafiam a manutenção do seu poder global. Roma e Pérsia nunca se deram bem. Elas discutiam sobre fronteiras, ligações comerciais e controle de clientes; elas também alardeavam ideologias concorrentes. Ambas afirmavam ser apoiadas exclusivamente por diferentes divindades todo-poderosas, o que resultou em visões de mundo incompatíveis. Mas quando, no final do século III, se tornou claro que nenhuma das duas tinha o poder de subjugar a outra, o conflito se limitou a uma série de disputas sobre posições de domínio temporário, que não afetavam o funcionamento vital de nenhum dos dois sistemas. E quando ambas foram simultaneamente ameaçadas por potências nômades intrusivas das estepes, no final do século IV e no século V, passaram da suspeita mútua para a cooperação positiva: reformularam-se mutuamente como as "luzes gêmeas do firmamento" (como disse um imperador romano), recusando-se a discutir sobre as mesmas questões que antes as punham em desacordo.

Quando a ameaça nômade recuou novamente, por volta do ano 500, Roma e Pérsia logo regressaram aos velhos padrões de confronto. O imperador romano Justiniano (527–565) mostrou uma propensão particular para a agressão, em um reinado notável pelo aventureirismo militar. Isso quase funcionou para ele (apesar de algumas perdas importantes, ele obteve vitórias suficientes para afirmar que Deus apoiava o seu governo), mas, a longo prazo, suas façanhas deram ímpeto a um confronto crescente, fazendo ambos os impérios abandonarem a moderação anterior e buscarem vitórias muito maiores. Isso culminou em 25 anos de guerra total no início do século VII (603–627), que acabou por atingir um impasse, com ambos os impérios totalmente falidos. O vácuo de poder resultante foi explorado de imediato pelo recém-unido mundo Árabe Islâmico, e mudou irrevogavelmente a face da história do Mediterrâneo e do Oriente Próximo. O Império Persa foi extinto por completo no início da década de 650, e Constantinopla, como vimos, perdeu tanto território que foi reduzida de Império global a potência regional.

A mensagem aqui é simples, mas salutar. O poder chinês não vai desaparecer, e enfrentá-lo de frente, econômica ou politicamente, com certeza será contraproducente. O armamento moderno significa que um conflito entre superpotências poderá destruir não apenas os principais protagonistas, mas todo o planeta. E é provável que mesmo formas muito mais limitadas de confronto contínuo minem qualquer possibilidade de cooperação, em face de uma série de questões globais prementes, que exigem uma abordagem colaborativa: a poluição, a população, as doenças e o aquecimento global. Os governos ocidentais farão o melhor se escolherem cuidadosamente suas batalhas, portanto, confrontando Pequim apenas quando o comportamento chinês ameaçar os valorosos princípios ocidentais ou uma ordem global estável, como acontece com o tratamento que o país dá às minorias étnicas, as suas possíveis violações do direito ou dos tratados internacionais — Hong Kong com destaque nessa discussão —, ou a sua crescente hostilidade em relação a Taiwan (e, mesmo assim, pode-se esperar negociações difíceis, uma vez que as diferenças entre as partes, em algumas dessas questões, são existenciais para os chineses).

Os chineses também precisarão explorar um dos seus ativos mais estratégicos, o qual seu comportamento, até muito recentemente, costumou minar: as suas alianças. Enquanto a maioria dos países ocidentais pertence a grandes e poderosas alianças militares, a China atua sozinha. A coordenação diplomática entre países com interesses diferentes nunca é fácil de conduzir, mas sem dúvida produzirá mais frutos do que os métodos individualistas favorecidos recentemente na América de Trump ou na Grã-Bretanha do Brexit. A saída da Grã-Bretanha da UE, por exemplo, significou que a "estratégia" (na falta de uma palavra melhor) de modernizar a sua infraestrutura de comunicações utilizando tecnologia chinesa barata ficou refém da necessidade, igualmente premente, de obter favores de uma administração dos EUA da qual queria um acordo comercial. Agir sozinho, como uma potência pequena ou média, em geral significa enfraquecer-se diante dos batalhões realmente grandes. Muito mais eficaz é o tipo de resposta ocidental unificada que se seguiu à invasão do seu vizinho ucraniano por Putin, quando os aliados ocidentais se coordenaram rapidamente para chegar a um acordo sobre posições comuns, o que resultou em enormes fluxos de apoio militar (e de outras naturezas) para a Ucrânia e na imposição de sanções devastadoras para a economia russa.

Se considerarmos todo o poder econômico e político que tem se acumulado na antiga periferia imperial nas últimas décadas, a medida adicional óbvia seria tentar expandir os sistemas de alianças ocidentais existentes, recrutando os muitos países em desenvolvimento que, pelo menos teoricamente, partilham de estruturas ocidentais de democracia e liberdade, como a Índia, a África do Sul e o Brasil, e ao fazê-lo constroem uma coligação maior de Estados pares. De qualquer forma, alguns deles (particularmente a Índia) têm suas próprias razões para querer se assegurar contra o poder chinês irrestrito. Fazer isso significaria aceitar alguma redução da dominação global ocidental tradicional, mas essa abordagem oferece uma súpera oportunidade de preservar o melhor dos valores ocidentais na inevitável era pós-imperial.

O grande ganho de tal ótica hoje seria construir um contrapeso mais eficaz à China nas negociações internacionais. Para ter sucesso, porém, essa estratégia exigiria mais, e não menos, abertura por parte dos países ocidentais, e provavelmente também ajuda substancial para reforçar esses empreendimentos diplomáticos. Uma das razões pelas quais a China tem assegurado tantos acordos comerciais favoráveis, tantas oportunidades de investimento em todo o mundo em desenvolvimento, é por estar mais disposta a mostrar generosidade do que muitos países ocidentais. Construir um envolvimento significativo com a velha periferia é um caminho mais promissor para avançar, mas iria contra a corrente do atual discurso político ocidental, que quer reduzir os orçamentos de ajuda para concentrar a assistência internamente ou beneficiar os exportadores do país de origem. A decisão do governo britânico, em 2020, de encerrar a sua agência de ajuda externa — amplamente admirada como uma das mais eficazes do mundo, agora transformada em um já sobrecarregado Ministério dos Negócios Estrangeiros —, mas continuar a construir o seu porta-aviões, provavelmente ganhou alguns votos nos condados conservadores. Em termos globais, contudo, equivaleu a dispensar uma das mais potentes ferramentas de poder brando da Grã-Bretanha para brandir um poder rígido que parecia decididamente incompleto; na falta de jatos para o utilizar, a cabine de comando do porta-aviões foi emprestada aos norte-americanos.

Não é apenas uma questão de dinheiro. Com a política autoritária em ascensão em muitas democracias do Terceiro Mundo, os políticos ocidentais que desejam reorientar suas relações externas de forma mais envolvente provavelmente enfrentarão outro desafio. Todos os principais alvos potenciais para tais aberturas têm boas razões históricas — vários séculos de dominação exploradora — para suspeitar dos motivos ocidentais. Durante a guerra na Ucrânia, por exemplo, falou-se muito nas capitais ocidentais sobre como a Rússia estava totalmente isolada no mundo. Mas, na verdade, mais de metade da humanidade é representada por governos que se abstiveram na principal votação da Assembleia Geral da ONU condenando a Rússia. Na África, muitas pessoas e governos viam pouco a ganhar, tomando partido em um conflito que envolvia um país com o qual não tinham qualquer confronto, e que (como a antiga União Soviética) apoiava suas lutas pela independência contra os mesmos países que agora exigem sua solidariedade.

A mesma história explica, pelo menos de maneira parcial, o sucesso que a China teve na construção de relações calorosas com muitos países em desenvolvimento. Embora a China seja frequentemente criticada por fechar os olhos às violações dos direitos humanos nos países aos quais presta assistência, seu estudado compromisso com o princípio da não intervenção é bem recebido em muitos países em desenvolvimento com memórias recentes da alternativa colonial ocidental. Isso é particularmente verdade quando o Ocidente ainda pode produzir líderes que fazem declarações de cair o queixo — para não falar historicamente analfabetos —, como a de que a África "pode ser uma mancha, mas não é uma mancha na nossa consciência", como fez um futuro primeiro-ministro britânico em 2002, ao sugerir que o principal problema do continente era que a Grã-Bretanha já não a governava. A maioria dos africanos, pelo contrário, está bem consciente de que teve de começar a construir seus países com base em uma longa história de exploração econômica e repressão política, o que ajuda a explicar por que razão a aliança ocidental teve dificuldade em reunir um grande entusiasmo africano para os esforços de isolar a Rússia, em 2022. Onde estava o apoio equivalente, poderiam queixar-se — com razão —, quando tentávamos isolar o apartheid na África do Sul?

Se os países ocidentais quiserem travar a expansão chinesa na periferia global, a narrativa ocidental terá de mudar, afastando-se de uma determinação implícita de preservar a grandeza ocidental à custa (se necessário) dos países em desenvolvimento, e passar a ajudá-los a fortalecer tanto sua prosperidade global, quanto suas estruturas sociais e governamentais. Efetivamente, isso significaria alargar o pequeno clube do antigo núcleo imperial para incluir um maior leque de vozes nas organizações e negociações internacionais, em termos consideravelmente mais equitativos do que aqueles oferecidos de maneira implícita na abordagem de Clinton, no encontro de Seattle de 1999 (na verdade, alguns dos os líderes rebeldes do encontro poderão ser bons candidatos à adesão).

O único líder e coordenador plausível para esse bloco mais amplo — geralmente mais democrático e baseado no Estado de direito, em vez de ser apenas ocidental — continuaria a ser os Estados Unidos, que, para desempenhar tal papel de forma coerente, teria de amortecer as próprias tendências isolacionistas de longa data, em favor de ganhos potenciais muito maiores de cooperação. Os outros governos do antigo Império Ocidental também teriam de comprometer o nível adequado de recursos para que o projeto funcionasse e para facilitar a venda aos eleitorados americanos. Tal como revelam as experiências recentes da Otan e da União Europeia, para não falar das discussões da OMC desde o encontro de Seattle, preservar a coesão no contexto do alargamento é um desafio que exige uma enorme dose de diplomacia, porque a discussão tem de incluir um maior número de países, muitas vezes com opiniões antagônicas. Mas a alternativa em que cada Estado atua sozinho, ao mesmo tempo que facilita a tomada de decisões por um país individual, também significa que tais resoluções terão pouco valor.

Uma maior participação em um bloco internacional mais extenso, aberto à discussão das necessidades do número ampliado de seus membros em termos mais equitativos, também proporcionaria um mecanismo para que alguns dos melhores produtos da civilização ocidental moderna se integrassem à nova ordem global. Embora o Ocidente tenha utilizado a riqueza de outros para financiar o seu desenvolvimento, conceitos como o Estado de direito, instituições públicas relativamente imparciais e eficientes, uma imprensa em parte livre e políticos devidamente responsáveis melhoram enormemente a qualidade de vida geral em qualquer país. Portanto, alguns dos críticos mais ferozes do Ocidente se opõem não aos valores ocidentais de liberdade individual e democracia, mas ao fato do Ocidente nem sempre ter praticado o que pregou no resto do mundo. Um foco obstinado nesses tipos de valores sólidos, ao mesmo tempo que se está mais aberto à aceitação da legitimidade das preocupações não ocidentais, terá muito mais força entre os cidadãos da periferia em ascensão do que a nostalgia pela antiga suposta glória da dominação do mundo pelo Ocidente, que agrada a certos setores do eleitorado ocidental.

Como vimos no Capítulo 5, a continuação da civilização romana só foi possível por meio da negociação. No continente, a negociação entre as elites e as dinastias emergentes significou que a nova ordem do Ocidente pós-romano incorporou alguns aspectos romanos característicos, como a alfabetização latina, o cristianismo e a tradição de lei escrita. É importante não idealizar o significado dessas formas culturais. Eram importantes, principalmente para as elites romanas, e sobreviveram porque posteriormente se revelaram tão atraentes quanto para a elite não romana que logo emergiu. No entanto, o contraste com o resultado ao norte do Canal da Mancha, onde nenhum membro da elite proprietária de terras romanas encontrou um caminho para a nova ordem e todos os traços característicos da vida romana desapareceram, foi extremamente impressionante. No final, alguns deles (o cristianismo, a lei escrita e o letramento latino) foram reintroduzidos na Inglaterra anglo-saxônica a partir do final do século VI, quando os seus reis, inexoravelmente atraídos pelas redes econômicas em desenvolvimento da Europa metropolitana vizinha, descobriram que a assimilação cultural era o melhor caminho para fechar os melhores negócios. Isso não teria acontecido, contudo, se esses antigos valores romanos não tivessem conseguido se consolidar já no resto do Ocidente pós-romano.

Para que os Estados ocidentais negociem hoje com sucesso, será também crucial que adotem uma posição diferenciada em relação à própria China. É preciso separar as políticas chinesas que ameaçam o que há de melhor na tradição ocidental daquelas que refletem o desejo perfeitamente legítimo de a China retomar o seu lugar habitual como uma das grandes potências mundiais, derrubando alguns dos resíduos remanescentes do arrogante imperialismo ocidental. Embora o confronto periódico seja certamente uma característica da relação, voltar à retórica uniformemente hostil da Guerra Fria seria autodestrutivo. A cooperação econômica, política e cultural também terá de ser uma característica coerente de qualquer combinação de políticas bem-sucedidas. Apesar de toda sua crescente assertividade, a beligerância da China ainda não vai muito além da sua vizinhança imediata. Antes de fazer declarações grandiosas, por exemplo, os ministros da defesa ocidentais poderiam primeiro perguntar-se como se sentiriam caso a China anunciasse que iria, em breve, enviar um porta-aviões para o Canal da Mancha ou para o mar do Caribe. Cercada por rivais hostis desde a Frota do Pacífico dos EUA até vizinhos como a Índia e o Vietnã, com quem travou guerras ainda vivas na memória, é de se esperar que a China sinta a necessidade de resguardar sua crescente prosperidade econômica com um perímetro defensivo mais forte.

Até agora, pelo menos, há argumentos convincentes de que a crescente presença militar da China reflete simplesmente a sua crescente presença econômica, e o quadro da agressão chinesa é por vezes complicado, pelo fato de confrontar vizinhos cujo comportamento nem sempre sugere uma intenção benigna. Dependendo do ponto de vista, a luta fronteiriça da China com a Índia em 2020 pode ser vista como uma medida ofensiva ou como um ataque preventivo contra um governo cada vez mais controverso e chauvinista em Deli. Fundamentalmente, o papel global excepcional como polícia da ordem mundial que a América pôde assumir após a Segunda Guerra Mundial refletiu um breve e excepcional vazio de poder na Ásia. Com a volta da China ao seu lugar histórico, a presença militar da própria América inevitavelmente terá de diminuir em termos de proporção, mas de forma alguma desaparecerá enquanto suporte para a paz e a estabilidade contínuas, sobretudo se uma rede de alianças puder ser construída para equilibrar, mas não ameaçar de maneira direta, a posição da China.

A enorme escala da China e a sua crescente influência econômica e diplomática em todo o mundo em desenvolvimento sugerem que será impossível evitar sua adesão a qualquer estratégia de transição para uma nova arquitetura política global, apesar das inegáveis diferenças institucionais e ideológicas. Por mais humilhante que isso possa ser para os países ocidentais que, não há muito tempo, diziam à China o que fazer, a história sugere que a alternativa é muito pior. O atual contexto global oferece desafios muito maiores e ameaçadores do que os nômades que impeliram Roma e Pérsia a uma maior cooperação. Qualquer aliança alargada liderada pelos EUA faria muito bem em apresentar-se como fundamentalmente cooperativa na sua atitude para com a China, a luz gêmea do firmamento global moderno, apesar do fato de que haverá, sem dúvida, conflito e tensão. Os ganhos potenciais mais amplos de tal abordagem vão muito além da economia. É difícil ver como as alterações climáticas e as futuras consequências da revolução demográfica podem ser combatidas de maneira eficaz sem uma abordagem amplamente global. Prevenir quaisquer novas tragédias, do tipo que assolou a Líbia, o Afeganistão e a Síria quando seus frágeis governos entraram em colapso, também seria muito mais fácil em um contexto mais propenso à cooperação do que ao confronto. A Europa já demonstrou ter aprendido com os erros da sua abordagem caótica, cada Estado por si, na crise dos refugiados de 2015, ao empregar uma conduta coordenada e altamente eficaz à onda de refugiados ucranianos de 2022.

Ao entrarem na terceira década do terceiro milênio, portanto, os países ocidentais enfrentam múltiplos desafios ao contemplarem a nova ordem mundial que emerge à sua volta. Tal como, séculos antes, Roma enfrentou a Pérsia e também as confederações fronteiriças, a ascensão da China significa que o bloco ocidental de nações tem agora de lidar, pela primeira vez, com uma superpotência rival e com processos irreversíveis de desenvolvimento na antiga periferia imperial, que criaram novas vozes importantes, com influência econômica e política suficiente para exigir uma audiência séria. A resposta mais fácil para vender ao público local, ainda educado na história colonial, é o confronto, em termos econômicos e provavelmente também políticos. Mas isso tem custos importantes e potencialmente desastrosos, em comparação à abordagem mais realista, porém menos popular de forma imediata, de aceitar a inevitabilidade da ascensão da periferia e tentar se envolver nela.

A resposta curta à pergunta com a qual este livro começou, portanto, é direta. O Ocidente não pode se tornar grande novamente nos velhos termos. As placas tectônicas da organização econômica sobre as quais essas estruturas políticas repousavam mudaram decisivamente, e nada irá fazê-las retroceder. Os políticos ocidentais precisam dizer aos seus cidadãos a verdade sobre isso e continuar a construção de uma nova ordem mundial, menos autoengrandecedora, que de fato defenderia os seus interesses (e os de todos os outros) de forma mais eficaz.

Se não o fizerem, priorizando o confronto para sustentar a posição global do mundo ocidental a curto prazo, as consequências a longo prazo provavelmente serão desastrosas. Pois, embora as consequências geoestratégicas da globalização sejam desafiadoras o bastante, é provável que uma segunda ameaça fundamental aos valores ocidentais nas próximas décadas tenha origem muito mais perto de casa.

8

A Morte da Nação?

Em 23 de junho de 2016, 72,2% do eleitorado britânico votaram, por uma margem estreita — 51,9% contra 48,1% —, para sair da União Europeia. De maneira mais imediata, essa foi uma vitória para a campanha do Brexit, uma ideia combinada entre políticos conservadores e a organização Vote Leave; mas a votação também revelou uma profunda divisão entre o público votante britânico. Existe um "meio" que não está particularmente investido em nenhuma das posições, mas que está situado entre círculos eleitorais antagônicos, cujas linhas de batalha permanecem claramente traçadas. Meia década de manobras subsequentes apenas tornou a divisão mais profunda. A Grã-Bretanha também não está sozinha na impressionante falta de consenso que marca seu atual discurso político. Nos Estados Unidos, os comícios eleitorais de Trump em 2016 saudaram as menções ao nome da sua oponente, Hillary Clinton, com gritos de "Prendam ela", tendo a sua base eleitoral respondido com entusiasmo às mensagens políticas deliberadamente divisivas de seu candidato. Da mesma forma, no inverno de 2018–2019, as principais cidades da França foram abaladas por meses de violentos protestos de rua por parte dos *gilets jaunes* [coletes amarelos], que começaram com um protesto contra os impostos sobre os combustíveis, mas rapidamente evoluíram para uma ampla rebelião contra uma elite governante vista como remota e intocável.

Já no século V, o mesmo tipo de divisão interna tornou-se um traço característico do discurso político nos territórios restantes do Império Ocidental. A opinião da elite estava dividida em relação à melhor forma de preservar as vantagens sociais e econômicas diante de um centro imperial cujo poder estava em declínio, confrontado com crescentes exigências fiscais e com o aumento do alcance político das confederações bárbaras. Alguns estavam prontos para abraçar uma nova ordem política de reinos bárbaros totalmente independentes, enquanto outros, como o próprio Sidônio (p. 103), queriam permanecer romanos a todo custo. Tais divisões desempenharam um papel substancial nas fases terminais do colapso imperial romano. No Ocidente moderno, muitas vertentes distintas de ressentimento podem ser discernidas dentro da amargura manifesta de todos os atuais protestos e divisões. Mas, tal como nas divisões políticas que assolaram a Roma do século V, existe um único catalisador subjacente, e as suas consequências globais podem representar uma ameaça existencial para os Estados-nação do mundo ocidental moderno.

PÁTRIAS PARA HERÓIS

Todos os Estados que funcionam com base no consentimento político dependem de algum tipo de contrato fiscal: um conjunto básico de razões pelas quais os contribuintes estão dispostos a financiar a estrutura em que vivem. O Império Romano, como a maioria dos Estados pré-modernos, operava com uma versão extremamente simplificada. As suas estruturas estatais cobriam basicamente a defesa e o direito, com uma quantidade limitada de patrocínio, este último principalmente para um eleitorado político proprietário de terras numericamente pequeno. Cerca de três quartos das suas receitas fiscais eram gastos no apoio a um exército profissional, que protegia os interesses desse eleitorado proprietário de terras contra ameaças externas e internas. Em troca, os proprietários de terras tinham de pagar uma percentagem dos seus excedentes agrícolas e gerir as instituições administrativas necessárias. A outra estrutura centralizada fundamental do Império foi seu sistema jurídico, que mais uma vez serviu aos interesses dos proprietários de terras ao definir e proteger a propriedade privada, estabelecendo uma série de medidas para permitir sua exploração e transmissão ao longo do tempo (por herança, acordo de casamento e vendas). A grande maioria da população não estava envolvida em nenhum dos processos políticos do Estado e não tinha voz ativa sobre as alíquotas dos impostos cobrados ou onde eram gastos. O Estado ofereceu-lhes pouco apoio direto, além de regimes de pão e circo para ajudar a manter a paz em algumas grandes cidades. Fundamentalmente, a massa da população camponesa tinha poucas opções disponíveis para exercer uma influência contínua sobre a entidade política em que viviam.

A revolta em grande escala não era, no entanto, um traço característico da história romana, e a única saída realista para a dissidência dos camponeses descontentes residia na ilegalidade e no banditismo de baixo nível. Isso não quer dizer que o curso da história imperial tenha sido tranquilo: longe disso. Ao longo da sua existência, os reveses militares poderiam desencadear guerras civis, especialmente quando as comunidades proprietárias de terras se sentiam ignoradas ou desprotegidas em tempos de perigo — mas essas eram lutas para controlar o sistema em benefício de grupos de interesses específicos, e não para romper por total com ele. Os latifundiários sempre queriam pagar menos impostos e discutiam internamente para minimizar as suas contribuições, mas ficaram, de modo geral, satisfeitos com o acordo. A situação mudou só quando, no século V, a invasão externa e a anexação minaram a capacidade do Império de defender seus latifundiários. Nessa altura, os proprietários de terras provinciais, gostassem ou não, foram forçados a fazer novos acordos com estrangeiros invasores para manter algum controle sobre as suas propriedades fisicamente imóveis. Quando o Império não conseguiu mais cumprir sua parte no acordo, o contrato logo se rompeu e o desmoronamento final do sistema imperial levou menos de uma geração, enquanto os latifundiários provinciais negociavam novas relações, sempre que essa opção estava disponível, com o mais provável soberano bárbaro dentro de sua esfera de interesse (p. 102).

Em contrapartida, os Estados ocidentais modernos se fundamentam em bases políticas bem mais amplas, que envolvem uma porcentagem muito maior da população, e operam com um contrato fiscal muito mais elaborado. A partir da segunda metade do século XIX, as estruturas estatais evoluíram em todo o Ocidente para fornecer (em diferentes combinações) uma vasta gama de serviços a todos os seus cidadãos — tudo, desde cuidados nas áreas da saúde e educação até apoio à renda e segurança. Tais serviços foram possibilitados pelos excedentes de receitas incomparavelmente maiores, disponibilizados aos governos devido à industrialização, combinados com o aumento da capacidade burocrática que os Estados desenvolveram para os gerir. Essa revolução surpreendente também exigiu grandes mudanças ideológicas na compreensão do que os governos *deveriam* fazer. O aumento expressivo na prestação de serviços foi, em parte, resultado do nível mais elevado de exigências que os Estados modernos começaram a fazer aos seus cidadãos. A cronologia desses desenvolvimentos interligados é clara. O recrutamento em massa e o conflito global surgiram primeiro enquanto a Grã-Bretanha e a França lutavam pela dominação mundial, no final do século XVIII, e na era das guerras napoleônicas, gerando as consequentes exigências de uma estrutura política que cuidasse dos cidadãos obrigados a fazer tais sacrifícios.

Mas o advento do que viria a ser o "Estado de bem-estar social" foi também um produto das formas fundamentais com que a indústria moderna alterou o equilíbrio de poder entre as classes sociais. Cada vez mais urbanizadas e altamente organizadas em locais de trabalho grandes e complexos, as classes trabalhadoras adquiriram um grau de influência política constante, indisponível aos seus antepassados rurais. Os camponeses medievais *podiam* representar uma ameaça momentânea à ordem sociopolítica prevalente, como descobriu o rei inglês Ricardo II em 1381. Naquele ano, um vasto grupo de trabalhadores rurais se reuniu nos condados mais próximos de Londres e partiu para a cidade, em uma revolta em massa que ceifou a vida do prefeito da cidade e do Arcebispo da Cantuária. Para acabar com os protestos, o rei não teve escolha senão conceder uma carta de liberdades. Mas, então, os manifestantes tiveram que voltar para casa porque a comida havia acabado. Depois de se dispersarem, o rei não apenas rasgou a carta, como também enviou pequenos grupamentos de homens armados para os condados domésticos para lidar individualmente com os líderes da revolta.

Ao contrário dos camponeses rurais, porém, os trabalhadores industriais foram para as cidades em grande número e lá ficaram permanentemente. Confrontados com as crescentes exigências dos movimentos sociais que surgiram para representar essa nova entidade de pessoas, os quais ameaçavam explodir numa luta de classes flagrante, os governos diminuíram a tensão mobilizando alguns dos lucros da industrialização para construir, passo a passo, as reformas sociais mais consensuais do Ocidente moderno: ampliar o direito ao voto; melhorar as condições e encurtar a semana de trabalho; aumentar os salários; e melhorar a saúde pública. O chanceler fundador da Alemanha, Otto von Bismarck, não era um liberal de coração mole, mas reconhecia uma oportunidade quando a via, e sabia que instituir os primeiros regimes públicos de pensões e de seguros de emprego do mundo era a forma mais segura de ganhar votos dos social-democratas que tanto odiava. Através desses meios se desenvolveu gradualmente um novo tipo de relação entre o governo e o povo, consubstanciado no princípio da cidadania, em que tanto os ricos quanto os pobres partilhavam um estatuto jurídico comum (embora nem sempre com os recursos para o sustentar), que atingiu o seu apogeu nas décadas após 1945. Um longo período de relativa harmonia política foi construído em torno da ampla aceitação da ideia de que o Estado *deveria* criar "uma terra digna de heróis", cujos cidadãos seriam cuidados do berço ao túmulo, e que era razoável que os Estados exigissem os níveis mais elevados de tributação necessários para pagá-lo. Na Grã-Bretanha, tanto os trabalhistas quanto os conservadores lutaram nas eleições de 1945 com base na criação de um Estado de bem-estar social, e tais ideias — embora em diferentes combinações e em diferentes extensões — estavam se espalhando por todo o mundo ocidental na época. A disputa política limitou-se, em grande parte, a discussões sobre quanto imposto deveria ser pago, por quem, e como deveria ser gasto, em vez de qualquer hostilidade fundamental para com o sistema global.

Essa era de ouro de harmonia e reforma social, embora muitas vezes exagerada para obscurecer as divisões demasiado reais que permaneceram (como a racial, especialmente na América), tem sido atribuída com frequência a uma liderança política sólida e a uma economia progressista, particularmente keynesiana. Sem dúvida, ambas desempenharam um papel, mas o mesmo aconteceu com a contínua ascendência do mundo ocidental no sistema econômico global. Os fluxos líquidos de riqueza provenientes dos impérios europeus no século XIX significaram que os governos começaram a aumentar os padrões de vida da classe trabalhadora, sem cobrar altos impostos dos ricos. As fábricas de Manchester dependiam das exportações para a Índia e do algodão barato proveniente de lá, inflacionando assim os salários, sem diminuir os lucros. Com efeito, a harmonia social foi conseguida por meio da externalização da exploração para as colônias. Nas "províncias", inclusive nos agora independentes Estados Unidos, o efeito foi obtido de forma semelhante, com a abertura de novas terras à colonização e exploração europeias. Os motins devido ao desemprego e à pobreza em Nova Iorque ou Baltimore, que se espalharam após a Guerra Civil com o crescimento das ferrovias, poderiam ser neutralizados, encorajando os jovens a irem para Oeste e a começarem novas vidas. Processos semelhantes ocorreram na Austrália e no Canadá. E mesmo os países ocidentais que não possuíam os seus próprios impérios podiam se beneficiar da ascensão dos impérios, desde que conseguissem exportar para o sistema imperial emergente.

Após a Segunda Guerra Mundial, à medida que o Império Ocidental atingia a fase de desenvolvimento pós-colonial e confederado, a prosperidade atingiu o pico, e as mais ambiciosas estruturas de bem-estar governamental já vistas no mundo — como o Serviço Nacional de Saúde da Grã-Bretanha — passaram a existir. Os desenvolvimentos políticos e ideológicos nas nações ocidentais desempenham um papel central nessa história, mas é de vital importância compreender que essa construção extraordinário foi arquitetada com base num fluxo de riqueza do mundo menos desenvolvido para o Ocidente, que proporcionou grande parte das receitas necessárias. Tudo isso ajuda a explicar por que razão a relativa harmonia social e política do período pós-guerra mostra agora tanta tensão.

VENCEDORES E PERDEDORES

A globalização neoliberal das décadas de 1980 e 1990 trouxe à tona uma fragilidade subjacente no relativo consenso do pós-guerra. Em vez de ressuscitar o dinamismo econômico generalizado das décadas imediatamente após 1945, o neoliberalismo restaurou de maneira desproporcional a prosperidade crescente em certos grupos das sociedades ocidentais. Enquanto quase todos no Ocidente tinham ganhado, de uma forma ou de outra, com os fluxos de riqueza da periferia até esse ponto, a nova ordem econômica criada pela globalização aumentou o fluxo de riqueza, principalmente para subgrupos específicos da sociedade ocidental, ao mesmo tempo que minou os meios de subsistência produtivos de muitos outros. O efeito global foi gerar uma situação em que os principais vencedores e perdedores da última reiteração da organização econômica global viviam, agora, lado a lado dentro do mesmo conjunto de fronteiras, em vez de a maioria dos perdedores estar localizada, como antes, em uma distância politicamente segura no exterior. Com efeito, a exploração e a privação que tinham sido externalizadas no século XIX e no início do século XX regressaram agora ao Ocidente.

Os beneficiários econômicos mais óbvios foram os proprietários e acionistas das empresas que transferiram a produção para o exterior. Mas, dada a crescente valorização das ideias e da criatividade na nova economia global, o grupo de vencedores também incluiu aqueles que tiveram a sorte de estar equipados com os tipos de competências e educação — "capital do conhecimento", no jargão da economia — para preencher os cargos mais qualificados, em grande parte retidos pelo Ocidente. A rentabilidade recém-restaurada das empresas globalizadas aumentou o valor das ações e os rendimentos dos profissionais urbanos que trabalhavam nos escritórios dessas empresas, ou que supervisionavam seus processos de alto padrão, como design, engenharia e marketing. Além disso, com a redução dos custos pela mudança para a produção periférica, a inflação (aquele pesadelo da década de 1970) caiu. Isso, por sua vez, mostrou que as taxas de juros poderiam diminuir, o que estimulou a compra de casas e fez subir os preços dos imóveis. Isso gerou um período de expansão, especialmente para o escalão superior da classe média — ou seja, *grosso modo*, os 10% mais ricos da sociedade ocidental ou, no início do século XXI, quase todos os que ganham mais de US$70 mil por ano.[22] Não foi apenas o aumento dos seus rendimentos médios. Já que muitas vezes possuíam casas e tinham generosos direitos de aposentadoria, em planos que também aproveitavam o boom dos valores dos ativos — especialmente em ações e imóveis —, o seu padrão de vida global melhorou de modo substancial. No entanto, esses ganhos foram obtidos às custas dos trabalhadores menos qualificados ou não qualificados, cuja participação, anteriormente direta no processo de criação de riqueza, deslocou-se para o estrangeiro; eles se viram cada vez mais obrigados a competir por empregos no setor de serviços, num ambiente econômico que promovia a queda de seus ganhos reais. Essa tendência manifestou-se em todo o Ocidente, mas foi mais acentuada nos Estados Unidos, devido ao seu Estado de bem-estar social menos desenvolvido. Nas quatro décadas que se seguiram à eleição de Ronald Reagan, os rendimentos reais da metade inferior da sociedade praticamente estagnaram, enquanto a metade superior assistiu a um crescimento em que os 10% mais ricos registraram o melhor desempenho, usufruindo um aumento de um terço no rendimento.[23]

Embora essas tendências fossem cada vez mais visíveis nos dados, o discurso público do final do século XX assegurou que um "novo paradigma" de crescimento interminável, num contexto de inflação baixa, garantiria que todos ganhassem nessa maré econômica, mesmo que os governos de esquerda tenham, às vezes, moderado seu otimismo. Na Grã-Bretanha, o governo Blair estava suficientemente ansioso para tentar resolver o problema dos chamados *sink estates* — aglomerados populacionais cada vez mais alienados e deixados de fora da prosperidade renovada das décadas de 1980 e 1990 — e dedicar uma pequena fortuna em despesas públicas, boa parte dela emprestada com base em supostos rendimentos futuros, a todos os níveis de educação, em um esforço para equipar e permitir a participação de maior parcela da população no topo da economia em rápida globalização.

Algumas escolhas políticas específicas também ajudaram a disfarçar o significado mais amplo dessas tendências. Ao longo das décadas de 1980 e 1990, embora os salários reais médios quase não tenham mudado em grande parte do mundo ocidental — nos Estados Unidos, por exemplo, o salário real por hora é hoje mais ou menos o que era em meados da década de 1970 —, a queda da inflação manteve os preços baixos, em parte obscurecendo perdas no poder de compra. Esse foi também o momento em que a China começou a inundar os mercados ocidentais com produtos baratos (p. 133). Nesse contexto, muitos governos ocidentais implementaram políticas que facilitaram o acesso ao crédito por parte dos menos favorecidos. Na América, o governo federal, por meio de sua influência sobre as principais agências que fornecem financiamento hipotecário, baixou os limites das garantias dos empréstimos.[24] Tais medidas encorajaram um boom na compra de casas, que se tornou uma profecia autorrealizável. À medida que mais pessoas compravam casas, os preços subiam, convencendo esses novos proprietários de que também acompanhavam a viagem global — o que, simultaneamente, encorajava ainda mais pessoas a comprar casas.

No final da década de 1990, os mercados foram, então, empurrados para níveis estratosféricos pelos efeitos em cadeia da austeridade punitiva que os EUA, como condição para a sua ajuda durante a crise financeira de 1997–1998, impôs a muitos governos periféricos, particularmente países como a Tailândia e a Indonésia, que estavam no epicentro da crise no Sudeste Asiático. Muitos economistas atribuíram a culpa da crise à abertura neoliberal dos mercados de capitais, que os governos ocidentais tinham, anteriormente, incitado os países em desenvolvimento a adotar, uma vez que a resultante corrida de capital para a periferia elevou os valores das propriedades, antes de finalmente entrarem em colapso. Assim, apelaram não à austeridade, mas a gastos mais generosos para evitar o colapso econômico. Contudo, a administração Clinton os dispensou, exigindo que os governos que recebiam ajuda reduzissem os gastos e abrissem seus mercados às importações ocidentais. A austeridade resultante empurrou os países em desenvolvimento para recessões devastadoras, mas revelou-se extremamente benéfica para as economias ocidentais. Os investidores ricos nos países periféricos, em pânico com a resultante instabilidade política interna, depositaram seu dinheiro em contas bancárias ocidentais, a partir das quais o capital encontrou seu caminho para circulação. Assim, à medida que o milênio se aproximava do fim, os investidores e consumidores ocidentais se empanturravam de dívidas baratas, que usavam para comprar ações, casas e pagar as férias de inverno. Entretanto, os políticos e os legisladores ainda podiam insistir que tudo estava bem, uma vez que o valor dos investimentos de todos em imóveis, ações e títulos aumentava mais rapidamente do que suas dívidas, tornando-os mais ricos a cada dia. Nesse contexto mais amplo, não importava se os salários médios estagnassem. Aparentemente, todos aproveitavam uma onda neoliberal de crédito barato para uma maior prosperidade.

Os riscos sempre foram nítidos para quem estava disposto a olhar. Todo o edifício funcionava, na verdade, como um vasto esquema Ponzi. Se, por qualquer razão, o fluxo de novos fundos, que ainda fazia subir os preços das casas e o mercado de ações, começasse a secar — ou pior, começasse a cair —, os ocidentais acabariam com uma montanha de dívidas nas mãos e não teriam rendimento suficiente para pagá-las. Ou, como disse Warren Buffett, só descobriríamos quem estava nadando nu quando a maré baixasse.

Não demorou muito para que isso acontecesse. Na virada do milênio, depois de passado o pior da crise financeira asiática de 1997–1998, os investidores ricos dos países em desenvolvimento começaram a retirar os seus fundos das contas ocidentais e a trazê-los de volta para casa. Coincidentemente, mas de modo simbólico, essa inversão na direção dos fluxos globais de capital ocorreu precisamente quando os países em desenvolvimento lançaram sua luta contra a hegemonia ocidental, no encontro da OMC em Seattle, em 1999 (p. 123). O modelo neoliberal começou a entrar em crise, de modo que o Federal Reserve dos EUA tentou aliviá-la cortando as taxas de juros, o que apenas inflou ainda mais a bolha imobiliária no Ocidente. Quando a bolha finalmente estourou em 2007–2008, e os preços dos imóveis caíram, o mundo se viu diante de uma depressão econômica.

Os governos ocidentais correram para tapar os buracos no dique, mas as soluções escolhidas novamente aumentaram os níveis de dívida prevalecentes e reforçaram em grande parte as novas divisões sociais criadas pela globalização. Mais uma vez, os bancos centrais, liderados pelo Federal Reserve dos EUA, imprimiram bilhões de novos dólares, euros e libras, que emprestaram aos bancos praticamente a juro zero, na esperança de que eles, por sua vez, emprestassem o dinheiro para empresas e pessoas comuns. As corporações, de acordo com essa lógica, investiriam, expandiriam e, assim, contratariam trabalhadores, reiniciando a economia; enquanto isso, as pessoas comuns aproveitariam os empréstimos hipotecários baratos e os cartões de crédito para retomarem as compras e os gastos. Infelizmente, embora esse conjunto de políticas tenha evitado a depressão imediata, acabou por expor as crescentes divisões sociais e políticas que permaneceram ocultas durante os anos anteriores, alimentadas pelo crédito. Os mercados de ações voltaram à vida, e o índice Dow Jones de Nova Iorque subiu cerca de 18% ao ano depois da quebra pós-2007. Mas os novos investimentos em atividades produtivas revelaram-se tépidos. Grande parte do dinheiro foi utilizada pelas empresas para aumentar os salários dos executivos e recomprar suas próprias ações, em vez de contratar novos trabalhadores, inflacionando ainda mais o valor das suas ações e, com elas, os bônus executivos de final de ano. Na década que se seguiu ao crash, o investimento norte-americano em novos ativos produtivos, desde maquinário até software, aumentou apenas cerca da metade; enquanto isso, as recompras de ações quadruplicaram. Os empregadores retomaram as contratações, mas os padrões estabelecidos pela globalização continuaram. Os novos empregos surgiram no setor de serviços, com salários relativamente baixos. Em suma, os ricos ficaram mais ricos e todos os outros só sobreviveram.

No discurso político contemporâneo, o sentimento de divisão predominante começou a ser expresso em vários eixos. "Velhos versus jovens" apareceu claramente nos resultados do referendo britânico sobre o Brexit. Outros debates opuseram "profissionais versus trabalhadores", e "grandes centros versus cidades e campos", ou culparam as "elites metropolitanas" e as "costeiras", por virarem as costas às pessoas comuns do interior. "Nativos versus imigrantes", que supostamente estavam aceitando empregos e reduzindo salários, também tiveram ampla exposição. Algumas dessas divisões não eram novas — o discurso anti-imigrante (não desconhecido mesmo no mundo romano) existe desde sempre —, mas um sinal claro de que as atuais divisões refletiam um tipo mais profundo de mudança estrutural foi visível na emergência de novos padrões de fidelidade política. Na direita política, em particular, uma nova geração de figuras populistas canalizou o descontentamento crescente para uma política supostamente anti-sistema, que apelava aos "deixados para trás" e aos "indesejáveis": aqueles ignorados ou mesmo ridicularizados pelos políticos tradicionais. Essas abordagens inverteram a tradicional divisão esquerda-direita, vendo os trabalhadores abandonarem os partidos socialistas e liberais por novos movimentos de direita, e desempenharam um papel importante tanto no referendo do Brexit quanto na ascensão de Donald Trump. A extrema direita também ganhou poder na Áustria e perturbou profundamente a política da Alemanha, França, Itália e Espanha.

Subjacente a toda essa rotulação divisiva está a distinção fundamental entre aqueles que se beneficiaram da reconstrução da economia mundial após os novos padrões de globalização, e aqueles que não o fizeram. O fosso geracional *aumentou* à medida que os jovens, carregados de dívidas estudantis e presos a custos de habitação inflacionados, olhavam com inveja para a riqueza que muitos membros mais velhos da sociedade ocidental acumularam através da propriedade e dos seus fundos de pensões. Os valores de ambos os tipos de ativos cresceram astronomicamente nos últimos 40 anos. Alguém que comprou uma casa na Grã-Bretanha no início da década de 1960 teria, em média, desfrutado de um retorno cem vezes maior durante o período intermediário. Em Londres, até mesmo possuir uma pequena casa com terraço permitiria que se ganhasse dinheiro para uma vida de relativo luxo. Uma transformação semelhante afetou os fundos de pensões. Entre 20% e 30% da riqueza total do mundo ocidental é agora detida por eles, que têm conseguido aumentar os retornos para os seus membros; assim, tiram proveito do dinheiro barato e transferem cada vez mais investimentos para a periferia global. Essa dupla mudança representa uma alteração de significado potencialmente colossal. Nos séculos XIX e XX, o crescimento da riqueza nas sociedades ocidentais acompanhou o crescimento da renda. À medida que os rendimentos das pessoas aumentavam, elas reservavam mais rendimentos para poupanças e investimentos. Mas ao longo da última geração os dois se dissociaram, com o aumento mais rápido da riqueza do que o do rendimento (apesar de as taxas de poupança terem mudado pouco, ou mesmo diminuído) —, embora os governos ainda tendam a achar politicamente mais fácil tributar o rendimento do que a riqueza.

A divisão entre as classes profissionais e trabalhadoras reflete, igualmente, a clivagem essencial entre aqueles que tiveram a sorte de ter entrado no mercado de trabalho com as competências necessárias para adquirir ou manter as posições atraentes e bem remuneradas, que permaneceram no Ocidente quando a produção foi transferida para outros lugares. Na verdade, o tipo de educação — "capital de conhecimento" — que normalmente é necessário para conseguir um desses empregos atraentes depende, muitas vezes, de pais prósperos o bastante para investir fortemente na educação dos filhos. Quando se leva em conta que é provável que essas mesmas famílias também possuam propriedades e ativos de pensões, nota-se que as sociedades ocidentais são marcadas por uma divisão crescente entre os privilegiados — cujos rendimentos derivam principal ou substancialmente da propriedade de diferentes tipos de riqueza — e aqueles que vivem do trabalho. É claro que isso significa que os tipos de oportunidades de autopromoção e mobilidade social que caracterizaram as sociedades ocidentais durante grande parte do século XX estão desaparecendo rapidamente.

No mundo romano, os latifundiários das províncias, confrontados pela crescente incapacidade do centro de manter seus privilégios, muitas vezes recorriam à negociação com o rei bárbaro mais próximo para preservar seus bens fundiários. A correspondente elite moderna, formada por aqueles que se beneficiam dos frutos da globalização, também transferiu, efetivamente, uma proporção significativa das suas carteiras de ativos para os centros de externalização da periferia. Elas ainda podem possuir propriedades caras nos mercados imobiliários inflacionados do Ocidente, mas muitos dos seus ativos, controlados diretamente por elas ou indiretamente por fundos de pensões, são agora investidos na periferia. No total, a reestruturação econômica dos últimos 40 anos assistiu à formação de dois círculos eleitorais políticos, na maioria das sociedades ocidentais, com interesses econômicos profundamente diferentes. Esse desenvolvimento não só já gerou sérias divisões em muitas sociedades ocidentais, como também representa um profundo desafio a longo prazo para toda a estrutura do Estado-nação que evoluiu nos séculos XIX e XX para se tornar uma característica definidora da vida no Ocidente moderno.

As estruturas de trabalho do Império Romano foram igualmente danificadas pela ascensão das confederações bárbaras em solo ocidental. À medida que o centro imperial perdia cada vez mais controle sobre as províncias que constituíam sua base tributária, a sua capacidade de manter forças armadas eficazes foi prejudicada. Ele respondeu elevando as taxas de impostos para o que restava da sua base tributária, mas isso apenas aumentou o potencial atrativo de mudar a lealdade para uma das confederações bárbaras, e não produziu rendimentos novos suficientes para substituir a perda global nas suas receitas. No final, mesmo alguém como Sidônio, que estava desesperado para permanecer dentro de uma órbita política romana, acabou por não ter outra escolha senão fazer as pazes com o rei visigodo Eurico, e foi esse tipo de atitude que marcou o verdadeiro fim do Império no Ocidente Romano.

Hoje, a globalização gera o mesmo tipo de crise de receitas para o Estado-nação que acabou por impedir o Ocidente romano de cumprir seu contrato fiscal. A transferência de capital para o exterior significou, com efeito, que os governos periféricos foram capazes de capturar uma parcela crescente do rendimento global, enquanto os governos ocidentais foram forçados a competir pelo investimento, controlando os gastos e mantendo os impostos baixos. Além disso, a liberalização dos mercados financeiros, que facilitou a externalização, também facilitou, para o escalão superior da sociedade global, movimentar dinheiro para paraísos fiscais offshore, com cerca de um décimo da riqueza global — mais de US$7 bilhões — agora fora do alcance de qualquer governo.[25]

Portanto, à medida que os efeitos divisivos da globalização se tornaram óbvios nas sociedades ocidentais no final do século XX, o fluxo de receitas fiscais à disposição dos seus líderes para manter os padrões de vida ocidentais já estava restringido. O final do Império Romano respondeu à erosão da sua base tributária aumentando as taxas sobre o que restava. Os líderes do Ocidente moderno, contudo, conseguiram recorrer a uma solução diferente, uma das invenções milagrosas do mundo moderno: a dívida. Mas isso pode não ter sido mais do que uma maneira inteligente de adiar a resolução do problema.

DÍVIDA E DOENÇA

A dívida, a ideia de gastar hoje mas pagar no futuro, é tão antiga quanto o comércio. Mas, no período moderno, o advento dos bancos centrais — holandeses, suecos e ingleses que surgiram no século XVII — revolucionou a política estatal: tornou-se agora possível reescalonar os pagamentos não apenas para um futuro próximo, mas para muitas décadas depois, através de hipotecas de 30 anos e títulos governamentais de 100 anos. Na verdade, a história do Estado-nação é inseparável do aumento da dívida nacional. E no meio das rápidas mudanças sociais e tecnológicas do século XX — que estavam transformando a produtividade do trabalho —, a contração de empréstimos contra os rendimentos futuros que, em última análise, resultaram do investimento produtivo, permitiu às economias acelerar o seu crescimento.

No entanto, nem sempre é fácil separar os empréstimos para investimento produtivo dos empréstimos para cobrir despesas imediatas. Os governos muitas vezes fazem investimentos para proteger empregos ou proporcionar algum outro tipo de benefício imediato. Foi o caso das nacionalizações na década de 1970, ou da expansão dos gastos sociais de Tony Blair contra futuros ganhos de rendimento (que não se concretizaram), e dos planos de Boris Johnson — não abandonados pelos seus sucessores — para "nivelar" áreas negligenciadas no norte e nas Midlands da Grã-Bretanha; planos que podem, ou mais provavelmente não, pagar a si próprios. Mesmo os projetos de infraestrutura aparentemente antiquados no Ocidente moderno nem sempre são o que parecem. Em 2020, Johnson anunciou o que chamou de programa de investimento "rooseveltiano". Em termos proporcionais, era na verdade cerca de um trigésimo do tamanho do New Deal, levando o *Financial Times* a notar que enquanto Roosevelt construía a Represa Hoover, Johnson ia reparar uma ponte nas Midlands.[26] A comparação é profundamente reveladora. A construção de uma nova ponte abre mais canais de comércio, reduz custos e tempos de viagem, gerando assim nova atividade econômica. Reparar uma ponte apenas permite manter abertos os canais existentes e preservar o nível atual de atividade (depois, é claro, dos vários anos de tempos de viagem mais longos enquanto o trabalho é realizado). Da mesma forma, quando os Estados Unidos experimentaram alternativamente um grande corte de impostos em 2017, o Presidente Trump disse que iria acelerar a economia. Não aconteceu. O crescimento aumentou apenas 0,7% no ano seguinte, após o qual caiu para a taxa subjacente (perto de 2% ao ano, e em declínio). O investimento empresarial quase não se mexeu, e o prometido boom do emprego não se concretizou, com o seu crescimento continuando a trajetória já em curso. No final, a maior parte do dinheiro que as empresas pouparam em impostos foi destinado a dividendos e recompra de ações. Isso impulsionou os preços das ações e enriqueceu ainda mais uma pequena minoria de norte-americanos mais ricos, ao mesmo tempo que fez pouco pela economia em geral.

Na realidade, vivemos num mundo em que os grandes retornos econômicos, que podem ser obtidos por meio de gastos em infraestrutura e outros tipos de estímulos governamentais diretos, têm cada vez mais se afastado do Ocidente. Alguns economistas continuam a insistir que isso mudará, que outra revolução da produtividade que rivalize com as anteriores, como as ligadas à difusão da energia a vapor ou da eletricidade, surgirá para restaurar as taxas de crescimento de antigamente, em geral sendo a candidata esperada para a revolução futura a tecnologia da informação. Mas esperamos muito tempo por isso. Robert Solow disse, em 1987, que podíamos ver a era da informática por todos os lados, menos nas estatísticas de produtividade, e esse ainda parece ser o caso.

Em vez disso, na maioria dos países ocidentais o crescimento da produtividade — o valor monetário daquilo que um trabalhador produz em uma hora de trabalho — tem estado numa curva descendente há muito tempo. Depois de um boom histórico em meados do século XX, quando o valor da produção por hora aumentou quase 3% ao ano, a partir da década de 1970 assistimos aos aumentos da produção por hora regressarem à sua norma (que, durante a maior parte da história, foi quase zero) e agora se aproximarem de cerca de 1% ao ano. Onde vemos grandes aumentos na produção dos trabalhadores, eles tendem a ser altamente concentrados. Os setores econômicos mais dinâmicos e produtivos, aqueles em que os países ocidentais continuam a desfrutar de uma vantagem, produzem uma procura bifurcada de trabalho. Nas indústrias de alta tecnologia, uma porcentagem relativamente pequena da força de trabalho é muito produtiva, tendo os 60 mil funcionários do Facebook gerado quase US$90 bilhões em receitas em 2020, para uma média de US$1,5 milhões por ano cada. Eles são, então, apoiados por uma força de trabalho maior e menos especializada de faxineiras, babás e baristas. Em outras palavras, os ganhos efetivos de produtividade nas sociedades ocidentais atuais dizem respeito a poucos, e não a muitos, e podem fazer quase nada para revolucionar a produtividade da massa da força de trabalho ocidental. Assim, embora a dívida fosse, outrora, uma forma de gastar hoje para aumentar os rendimentos de amanhã, para a maioria dos ocidentais tornou-se uma forma de ter coisas agora e pagá-las amanhã.

Uma vez que a antiga relação entre investir para expandir se desfez, os governos e as sociedades ocidentais adquiriram o hábito de utilizar menos a dívida para construir a prosperidade futura, e mais para aumentar ou sustentar os atuais padrões de vida. À medida que o crescimento da produtividade desacelerou, arrastando consigo o crescimento global do rendimento, as famílias e as empresas mantiveram-se no estilo a que estavam habituadas e contraíram mais dívidas. Durante muito tempo, os governos garantiram-lhes que era uma coisa segura a fazer, com repetidas declarações de que outra revolução da produtividade viria para acabar com as dívidas, e instituíram medidas como redução das taxas de juros e das barreiras ao crédito, que tornavam cada vez mais fácil solicitar empréstimos.

Tudo isso é novo. Embora a dívida tenha se tornado onipresente nas sociedades ocidentais, é fácil esquecer que o humilde cartão de crédito, ferramenta essencial da vida moderna, só surgiu em meados do século XX. Antes disso, a dívida limitava-se geralmente a investimentos, sob a forma de empresas que construíam fábricas ou de famílias que compravam casas, enquanto as dívidas governamentais, que tinham aumentado durante a guerra, voltaram a diminuir posteriormente. Nas décadas que se seguiram à Segunda Guerra Mundial, por exemplo, a proporção total da dívida pública e privada, combinada com o PIB nos Estados Unidos, em geral pairava em torno dos 100%, uma tendência espelhada noutras sociedades ocidentais. Contudo, as coisas realmente dispararam na era da globalização, quando a dívida foi utilizada tanto pelos governos quanto pelos indivíduos para encobrir as quebras nas receitas e o agravamento das desigualdades, ou mesmo apenas para manter as expectativas de que a riqueza continuaria a aumentar.

O resultado final foi o nível colossal de dívida que se acumulou no Ocidente, no final da segunda década do século XXI. Em 2019, o corte de impostos de Trump empurrou a dívida nacional dos Estados Unidos para mais de 100% do PIB. Quando a dívida acumulada pelos cidadãos comuns é somada ao pacote, a proporção dívida/PIB subjacente do país estava em mais de 300%, três vezes o nível dos anos de expansão do pós-guerra. A da Grã-Bretanha é semelhante, a da Itália é pior e a *palme d'or* pela imprudência fiscal vai para o Japão, cuja proporção dívida total/PIB atingiu agora quase cinco para um. Essa tendência se espalha por todo o mundo ocidental. Mesmo os países que se consideram frugais, como a Dinamarca e os Países Baixos, têm proporções da dívida total em relação ao PIB bem acima dos 300%, enquanto até o mais intransigente, a Alemanha, não fica muito atrás, com valores substancialmente superiores a 200%.

No entanto, em vez de uma revolução da produtividade para socorrer e reduzir essas proporções da dívida, o Ocidente recebeu uma dose imprevista de choque exógeno — não na forma de hordas de hunos, mas de um organismo microscópico. No início de 2020, surgiram relatórios da China de que uma nova cepa de coronavírus havia surgido na cidade de Wuhan. Em poucas semanas, se espalhava por todo o mundo. Em geral, a resposta inicial dos governos ocidentais foi subestimada. Mas no início de março de 2020, quando a Organização Mundial de Saúde classificou o surto como uma pandemia, o pânico eclodiu. Os governos impuseram confinamentos internos e começaram a fechar as fronteiras às viagens internacionais. Agindo com velocidade recorde, a maioria dos governos ocidentais desenvolveu pacotes de resgate econômico. Os bancos centrais abriram mais uma vez as torneiras: criaram massas de dinheiro com o qual compraram títulos governamentais e empresariais, fornecendo os fundos que os governos usaram para manter ativas as empresas ociosas. A depressão econômica imediata foi evitada, porém, mais uma vez, as divisões na sociedade ocidental pioraram. Os bancos centrais baixaram as taxas de juros para níveis mínimos e as levaram, em alguns países, a valores negativos — o que significa que qualquer pessoa que emprestasse ao governo tinha agora de pagar pelo privilégio. Isso não só encorajou as empresas a pedirem empréstimos vultosos para aumentarem suas reservas de dinheiro, mas também encorajou os investidores expulsos dos mercados de títulos pelos retornos terríveis a procurarem outros lugares, recorrendo a ações, a imóveis e a novas invenções, como as criptomoedas. Após quedas acentuadas no início do ano, os mercados bolsistas se recuperaram e eliminaram as perdas no verão. Mas em toda a sociedade, apesar dos pacotes de ajuda, os salários reais estagnaram e as pequenas empresas faliram.

Quase nenhum desses novos empréstimos foi gasto nos tipos de investimentos que prometiam qualquer esperança real de outro crescimento econômico. Foi injetado tanto dinheiro nos mercados bolsistas de ambos os lados do Atlântico, especialmente na América, que mesmo empresas "zumbis", tecnicamente falidas, viram o valor das suas ações disparar. No espaço de poucos meses, os governos ocidentais aumentaram o ônus da sua dívida em até 25%. No total, a gestão da pandemia forçou-os a acrescentar cerca de US$17 bilhões às suas dívidas antes do final do ano (o ônus da dívida pública nos países ocidentais aumentou entre 10% e 20% em geral). Assim, a resposta ocidental à crise da Covid trouxe para o primeiro plano do debate as questões-chave que já estavam à espreita, sob a superfície da globalização, com uma urgência renovada. Quem pagará os níveis surpreendentes de dívidas contraídas pelo Ocidente, e como? E qual será o formato da sociedade ocidental depois disso?

Seria difícil superestimar o quanto está em jogo aqui. A metade ocidental do Império Romano desapareceu quando o centro se viu sem fundos suficientes para manter o contrato fiscal e defender os interesses das elites que pagavam e arrecadavam impostos. A crise das receitas estatais que se desenrola no Ocidente moderno tem raízes diferentes, mas não é preciso pensar muito para perceber que isso representa uma ameaça para o que se tornou a forma estatal característica do Ocidente moderno, que é potencialmente tão existencial quanto a que minou o Ocidente romano no século V.

O CENTRO NÃO CONSEGUE SE MANTER?

Essa não é a primeira vez que os governos ocidentais se encontram fortemente endividados. Após a Segunda Guerra Mundial, as dívidas acumuladas atingiram níveis recordes. Hoje, alguns analistas — em particular aqueles pertencentes à escola da teoria monetária moderna[27] — argumentam que agora, como então, essas dívidas serão pagas com relativa facilidade por meio de um maior crescimento econômico. Eles alegam que cada cem dólares em dívida investida acabará por render várias centenas de dólares no aumento da produção, e as dívidas atuais do Ocidente, tal como as do período pós-1945, serão liquidadas dentro de algumas décadas.

Existem, no entanto, algumas diferenças críticas entre 1945 e hoje. Por um lado, em 1945 apenas cerca de 5% da população estava aposentada, o grande boom de produtividade do período pós-guerra estava por vir, e as dívidas foram assumidas para financiar a reconstrução básica, levando à expansão econômica imediata. Parece improvável que os retornos do investimento no Ocidente de hoje atinjam algo semelhante aos níveis passados, até porque grande parte da dívida recente — incluindo praticamente tudo o que foi acrescentado durante a pandemia — foi assumida apenas para evitar o colapso das economias. Essas dívidas nem sequer visavam adicionar nova produção; na esperança de evitar o desaparecimento do que existia, é improvável que paguem a si mesmas.

Em segundo lugar, as exigências sobre os gastos governamentais só devem aumentar. Com o envelhecimento da população e a necessidade de mais cuidados de saúde, pensões e serviços públicos — setores que, em países como o Japão, representam até um terço da despesa pública total —, os governos enfrentarão uma pressão contínua nos seus orçamentos. Atualmente, entre 15%–20% da população na maioria dos países ocidentais já se aposentou, e esses números continuarão a aumentar em meados do século, seguindo as tendências atuais, para algo mais próximo da faixa de 25%–30%. Quase metade dos aposentados ainda terá mais de 75 anos de idade, altura em que a despesa per capita com a saúde geralmente começa a aumentar drasticamente. De forma bastante sombria, os tesouros ocidentais chegaram ao ponto em que a queda da expectativa de vida seria considerada uma boa notícia, um ponto enfatizado quando, em 2022, o Tesouro do Reino Unido relatou um pequeno ganho inesperado devido ao fato de a pandemia ter encurtado a expectativa de vida estimada.

Em terceiro lugar, as atuais taxas de juros da dívida governamental são extremamente baixas. As obrigações dos EUA a 10 anos, por exemplo, que funcionam como referência para as taxas de juros em toda a economia norte-americana, subiram para quase 16% em 1980, antes de iniciarem uma longa queda, atingindo quase 0% em 2020 — uma tendência espelhada na maioria das outras economias desenvolvidas. Mesmo assim, em fevereiro de 2022, o Estado britânico efetuou o maior pagamento de juros sobre a dívida governamental acumulada da sua história. Quando as taxas de juros começaram a subir nas sociedades ocidentais em 2022, os governos confrontaram-se com um novo problema — o ônus do pagamento de juros começaria a consumir ainda mais seu poder de compra. A isso podemos acrescentar um elemento que mal existia de forma significativa depois da guerra: a saber, o ônus da dívida privada, que, como vimos, também aumentou nas últimas décadas.

Se as dívidas simplesmente não crescerem e, de fato, aumentarem junto ao pagamento dos juros que incidem sobre elas, que opções existem para os governos ocidentais, sem mencionar os seus cidadãos, que têm de lidar com esse problema financeiro cada vez mais premente?

Os bancos centrais poderiam optar por prolongar indefinidamente a "repressão financeira", mantendo as taxas de juros abaixo da inflação por longos períodos. Essa foi mais uma dimensão da combinação de políticas após a Segunda Guerra Mundial, quando os custos dos empréstimos governamentais foram mantidos abaixo da taxa de inflação, permitindo que o valor da dívida fosse consumido ao longo do tempo pela inflação. Isso seria bom para os governos, cujas receitas fiscais aumentam com a inflação, enquanto a dívida não. Se, digamos, os bancos centrais ocidentais mantivessem taxas de juros reais — a diferença entre as taxas de juros e a taxa atual de inflação — em menos 3% (em 2022 eram o dobro disso), o valor do rendimento de um empréstimo ao governo cairia efetivamente pela metade em cerca de 25 anos. Embora essa possa parecer uma forma inteligente de adiar a abordagem do problema até que ele, por fim, desapareça, seria socialmente perturbadora. Comecemos por todos os eleitores aposentados, que provaram ser um grupo politicamente vigoroso nas sociedades democráticas, não só porque o seu número está aumentando, mas porque estão entre os que têm maior probabilidade de comparecer no dia das eleições. Embora os fundos de pensões tenham aproveitado o boom nos valores dos ativos da era neoliberal, com seus membros que agora envelhecem, eles precisarão cada vez mais comprar títulos do governo, uma vez que estes proporcionam o fluxo de rendimento estável esperado por quem recebe um pagamento mensal.[28] A repressão financeira diminuiria o valor desses fluxos de renda ao longo do tempo. Os políticos podem esperar que ninguém perceba, mas quem se aposentou hoje para depois ter que passar o resto da vida tendo que apertar o cinto, provavelmente perceberia o que estava acontecendo e votaria de acordo.

Os governos poderiam, em vez disso, tentar a tradicional combinação de cortar gastos e/ou aumentar impostos, mas isso geraria dois enormes obstáculos. O primeiro é que os custos incorporados ao contrato fiscal ocidental existente apenas aumentarão os gastos. Mesmo antes da pandemia, que revelou quão degradado tinha se tornado o Serviço Nacional de Saúde (NHS) britânico após uma década de austeridade, era amplamente aceito que as despesas com a saúde exigiam um aumento de 4% ao ano, apenas para acompanhar o crescimento da demanda e os custos adicionais da ampliação da possibilidade tecnológica. E isso não leva em conta o aumento dos gastos com pensões: em 2022, o primeiro-ministro britânico admitiu que um crescimento de 1% ou 2% não seria suficiente para pagar o NHS a longo prazo. Uma coisa é pedir aos cidadãos que paguem impostos por serviços melhorados, algo que muitas vezes ficam felizes em fazer. Outra é pedir que paguem impostos para cobrir os custos de serviços já prestados — pagos no passado com a dívida —, especialmente se esses forem serviços dos quais poderão nunca se beneficiar.

Atualmente, os governos ocidentais obtêm a maior parte das suas receitas através de impostos sobre o rendimento e o consumo. Os impostos sobre o consumo, como os impostos sobre vendas e o IVA, aumentam os preços, enquanto os impostos sobre o rendimento recaem pesadamente sobre a população ativa. Na situação atual, com o envelhecimento da população crescendo a cada ano nos países ocidentais, o trabalhador médio já partilha o fardo de sustentar um pensionista com outro membro ativo da força de trabalho. Entre agora e meados do século, esse número vai se aproximar inexoravelmente de um para um. Em outras palavras, a carga fiscal sobre os jovens em idade ativa já deve aumentar; sobrecarregá-los com o fardo extra das dívidas combinadas da globalização e da pandemia do coronavírus significaria mais acréscimos consideráveis. Por exemplo, na Grã-Bretanha espera-se que os universitários diplomados que entram no mercado de trabalho percam, agora, até metade do seu rendimento mensal em impostos. Isso leva ao segundo grande problema devido ao aumento de impostos para pagar dívidas. Quando os impostos sobem, mas os serviços públicos não os acompanham, corre-se o risco de quebra do contrato fiscal. O caso romano mostra o que pode acontecer nessa situação.

A "menos pior" combinação de políticas para resolver o problema da dívida do Ocidente ainda não será fácil. Muito provavelmente consistirá numa supressão contínua das taxas de juros para as economias que conseguirem sustentá-la, combinada com vários coquetéis de aumentos de impostos e cortes de serviços. Tentar ignorar essas restrições financeiras conduzirá a resultados econômicos desastrosos, através de taxas de juros cada vez mais altas, como revelou o fracassado "mini-orçamento" da Grã-Bretanha do outono de 2022. Acertar esta última combinação — num contexto geral de envelhecimento da população e de baixo crescimento — será particularmente difícil. Se reduzirmos os serviços em demasia, provocaremos um aumento da agitação social e começaremos a esvaziar as funções vitais do Estado. No final do século XX, alguns países em desenvolvimento enfrentaram problemas de dívida semelhantes e tiveram de aumentar os impostos e restringir os gastos, ambos numa escala substancial, muitas vezes com pouca simpatia ocidental — mesmo, no caso da austeridade imposta pela administração Clinton na sequência da crise asiática, mergulhados na crise no momento em que o Ocidente celebrava sua prosperidade máxima. A experiência em muitos desses países revela os potenciais problemas que o Ocidente terá pela frente. Em muitos casos, grande parte da população ativa retirou-se efetivamente da rede fiscal. No extremo inferior, os pequenos empreiteiros conduziam todos os seus negócios em dinheiro, os importadores subornavam funcionários aduaneiros mal pagos para não tributarem suas importações, e os ultra-ricos escondiam a riqueza em contas bancárias suíças, resultando numa espiral descendente viciosa: o declínio das receitas forçou novas reduções em serviços governamentais.

Nos países mais atingidos, os pacotes de austeridade do final do século XX quebraram o contrato fiscal existente, os cidadãos no topo e na base optaram por sair da estrutura política existente, e o poder foi efetivamente redistribuído, terminando por vezes em mãos muito indesejáveis. Nas comunidades urbanas controladas por gangues de traficantes na Jamaica e no Brasil, nas regiões do México controladas pelos cartéis, nas zonas fronteiriças do Paquistão, ou em grande parte do Afeganistão onde o Talibã estava ativo, foram estabelecidos Estados dentro de Estados. Isso pode parecer muito distante, mas já começamos a ver as primeiras manifestações disso no Ocidente — não apenas no fato de algumas áreas deprimidas em muitas cidades ocidentais serem virtualmente feudos de gangues, mas também na crescente incapacidade do Estado de manter sua parte do acordo. Na Grã-Bretanha, por exemplo, os cortes orçamentais na polícia e nos sistemas judiciais resultaram numa situação em que apenas uma violação a cada cem acaba por ser punida: na verdade, descriminalização furtiva. Como as pessoas são forçadas a pagar mais impostos para saldar dívidas passadas, mas os governos oferecem menos em troca, poderá chegar um ponto em que os cidadãos comecem a se perguntar o que estão recebendo em troca do cumprimento das obrigações fiscais. E dado o impacto sobre as receitas fiscais, tanto da "moral fiscal" — a crença de que se recebe algo pelos seus impostos, o que faz com que as pessoas estejam dispostas a declarar os seus rendimentos e a pagar os seus impostos honestamente — quanto da eficácia decrescente das agências de arrecadação fiscal, elas mesmas muitas vezes alvos de cortes de governos mesquinhos, não é absurdo ponderar sobre um futuro em que cada vez mais pessoas encontrem formas de escapar à rede fiscal — tal como as elites provinciais da Roma do século V —, anunciando o colapso de todo o sistema.

Esse futuro — de crescente fragmentação política, crescente instabilidade, declínio da democracia e do respeito pela lei e pelos direitos humanos, erosão dos serviços públicos e decadência dos padrões de vida — pode estar aguardando o Ocidente. Mas não precisa ser assim.

Conclusão: A Morte do Império?

Quando a primavera se transformou em verão, em 468 d.C., Constantinopla saiu mais uma vez em defesa do Ocidente romano. O então imperador do Ocidente, Antêmio, era um nomeado do Oriente, que tinha vindo de Constantinopla um ano antes com promessas de forte assistência militar. O imperador oriental, Leão I, cumpriu sua palavra. A intervenção do Oriente assumiu a forma de uma vasta armada, de 1.100 navios e uma força combinada de 50 mil soldados e marinheiros, que custou mais de 120 mil libras em ouro. O destino da expedição era o reino norte-africano da confederação Vandal-Alan, cujo objetivo central era eliminar uma das novas confederações, soltas pelos hunos de maneira involuntária em solo romano, e devolver as províncias mais ricas do Ocidente ao controle imperial.

Um resultado bem-sucedido não só teria revigorado o centro romano ocidental, aumentando seus fluxos de receita, mas também teria interrompido, pelo menos temporariamente, outro fenômeno perigoso: a tendência crescente de latifundiários romanos provinciais transferirem sua lealdade política do centro imperial para uma das novas confederações bárbaras em seu meio. Mesmo antes de 468, Antêmio já realizava uma ofensiva de charme ao norte dos Alpes, na tentativa de reconquistar a lealdade das elites gaulesas que se moviam para a órbita política dos reis visigodos e borgonheses. A vitória no norte da África, com a promessa de maiores receitas e, portanto, de maior poderio militar, tornaria ainda mais fácil para Antêmio convencer as elites ocidentais hesitantes de que a lealdade contínua a Roma era a melhor política para o futuro próximo.

Para o azar de Antêmio, a expedição terminou em desastre. Quando ventos hostis prenderam seus navios em um litoral rochoso, os vândalos conseguiram lançar uma série de ataques devastadores usando navios de fogo. No entanto, embora já fosse tarde demais para reviver o Império Ocidental (que não existia mais), uma expedição constantinopolitana posterior conseguiu destruir o reino vândalo em 532–533. Portanto, a tarefa não era inerentemente impossível e, se sua contraparte anterior tivesse tido mais sorte, haveria uma chance real de tirar o Ocidente da beira do abismo. Não teria sido o Império Ocidental de antigamente. A destruição dos vândalos-alanos ainda teria deixado duas poderosas confederações bárbaras estabelecidas em regiões importantes da antiga base tributária do Império; a Grã-Bretanha estava perdida, e grupos francos invadiam o Reno. Mas os visigodos e borgonheses teriam que aceitar a hegemonia de um centro imperial cujo status, como a força militar e política mais poderosa dentro de sua órbita, seria restaurado de forma decisiva, e as elites provinciais vacilantes teriam se reunido (com mais ou menos disposição) às suas lealdades tradicionais. O resultado final poderia ter sido mais uma federação sob a liderança imperial romana do que um império direto, e sua política subsequente seria complexa. Mesmo assim, em 468 ainda havia uma oportunidade real de dar nova vida a uma forma revisada do Império Romano do Ocidente.

À medida que este livro chega à sua conclusão, o Ocidente moderno ainda não se encontra no "salão da última chance" que o Ocidente romano enfrentou no final da década de 460. As nações constituintes do Império Ocidental moderno ainda mantêm o controle de receitas abundantes, mesmo que elas tenham diminuído muito em relação ao seu apogeu no final do último milênio. De qualquer forma, nossa comparação contínua com a ascensão e queda do Império Romano deixa dois pontos bem claros. Em primeiro lugar, assim como a Roma antiga, o Império Ocidental moderno está enfrentando uma crise criada por ele mesmo, pois as operações de suas próprias estruturas estimularam o surgimento, por fim, de uma superpotência concorrente real e de novas potências assertivas no que foi a periferia imperial do próprio Ocidente. O surgimento dessas novas entidades, semelhante ao que aconteceu no mundo romano nos séculos IV e V, gerou, por sua vez, sérias divisões em dois níveis dentro do sistema imperial ocidental; enquanto isso, os líderes ocidentais rivais discutem sobre a melhor forma de responder a essa nova ordem mundial pós-imperial, em que a prosperidade sem precedentes para alguns passou a depender da erosão dos padrões de vida de muitos outros.

Mas, se o Ocidente ainda não se encontra em um momento crucial equivalente ao do final da década de 460, ele se encontra em uma situação semelhante à enfrentada pelos líderes romanos algumas décadas antes, no início do século V. Como Roma, o Ocidente é confrontado por problemas financeiros graves o suficiente para ameaçar todo o contrato fiscal no qual se baseia a ordem social existente; ao contrário de Roma, o Ocidente moderno não terá a opção de recolonizar alguns celeiros estrangeiros para reabastecer sua base de recursos. O tipo de colapso de receita que se seguiu à perda do norte da África ainda não ocorreu, embora, até certo ponto, isso se deva ao fato de que uma ferramenta que não estava disponível para os governantes de Roma, a dívida, permitiu que tanto os governos quanto os cidadãos pegassem empréstimos com base em receitas futuras — o que, na verdade, significa apenas que a iminente crise de receita foi adiada. Mesmo assim, a ascensão de uma superpotência concorrente, a China, é um fato permanente da vida, assim como o surgimento de uma série de novas entidades poderosas na antiga periferia imperial. Se o colapso imperial total permaneceu praticamente reversível para a Roma antiga, em um estágio ainda mais avançado, a trajetória atual em direção ao colapso potencial, portanto, é certamente reversível para o Ocidente moderno, desde que ele aceite que não pode (e não deve) tentar restaurar a antiga ordem colonial de dominação mundial.

No entanto, responder positivamente ao fim dessa antiga ordem para alcançar o melhor resultado possível exigirá uma série de ajustes difíceis, que vão além daqueles já feitos. Em casa, será necessário um debate muito mais honesto sobre o papel da imigração no contexto das populações ocidentais, que continuarão a envelhecer, e das taxas de natalidade, que não mostram sinais de recuperação, criando índices cada vez maiores de dependência social. No exterior, se quisermos uma chance real de construir uma nova coalizão que seja poderosa o suficiente para se envolver com a China em termos adequadamente equitativos, será necessário tratar com muito mais solidariedade e igualdade as potências emergentes que compartilham legados culturais e institucionais importantes com as antigas potências ocidentais. Essas não são mensagens tão fáceis de vender aos eleitores ocidentais quanto “os imigrantes estão tirando nossos empregos", ou quanto a alegação comprovadamente mítica de que agir sozinho — colocando os Estados Unidos, a Grã-Bretanha ou a Polônia "em primeiro lugar" — permitirá que qualquer nação ocidental obtenha melhores condições comerciais da China ou da Índia, do que se agir como um bloco.

Se uma nova geração de líderes ocidentais e seus eleitores puderem enfrentar esses desafios e dar continuidade às tentativas atuais de se livrar dos legados coloniais em âmbito doméstico, aproveitando as oportunidades de construir alianças internacionais mais amplas e inclusivas que as respostas recentes à invasão russa da Ucrânia provaram ser possíveis (p. 141), o fim inevitável do antigo Império Ocidental ainda pode gerar um conjunto extremamente positivo de resultados, e não apenas no Ocidente. Reformuladas para uma era de fato pós-colonial, as instituições fundamentais do Estado-nação ocidental socialmente integrado — um Estado de direito que busca proteger todos os interesses, elites políticas devidamente responsáveis, uma imprensa livre e instituições públicas eficientes e imparciais — oferecem uma melhor qualidade de vida a uma gama muito maior de cidadãos do que qualquer outra forma de Estado concorrente. No entanto, as instituições não existem em um vácuo e nem podem ser mantidas artificialmente. Mesmo que seu valor seja, em geral, reconhecido, elas ainda dependem de equilíbrios econômicos e políticos de poder. Se a resposta à dívida for equivocada e o contrato fiscal não evoluir de forma a manter um número suficiente de pessoas a bordo, o Ocidente poderá, em breve, se deparar com a morte da nação e sua substituição por estruturas políticas alternativas e muito menos inclusivas.

No passado, quando a estabilidade política interna era ameaçada, os governos das sociedades ocidentais conseguiam liberar a pressão terceirizando a exploração para a periferia. Hoje, essa opção não existe mais: eles só podem explorar seus concidadãos. Portanto, se os países ocidentais quiserem reduzir suas tensões internas, parece inevitável que os cidadãos mais abastados, principalmente os 10% mais ricos que mais se beneficiaram da globalização nas últimas décadas, tenham que contribuir com mais recursos para construir um novo tipo de modelo político-social funcional, na ausência de grandes fluxos de riqueza do exterior. A pandemia de Covid-19, que exigiu que todos fizessem sacrifícios pelo bem da minoria mais vulnerável da sociedade e causou um maior reconhecimento das contribuições sociais e econômicas gerais dos trabalhadores "essenciais" menos remunerados, deu início a uma animada discussão sobre os tipos de políticas que poderiam ser usadas para ajudar a reconstruir a coesão social no Ocidente. Entretanto, para que qualquer uma delas funcione, as sociedades ocidentais terão que fazer muito mais do que sair às ruas para bater palmas. Os possíveis elementos de um novo contrato fiscal incluem: jubileus de dívida, especialmente sobre a estudantil; uma renda básica universal, que garanta a todos um padrão de vida mínimo mais generoso; políticas para aumentar a construção de casas, de modo a ampliar o acesso a moradias baratas; e, talvez, uma mudança para impostos mais altos sobre a riqueza, em vez de sobre a renda. Novamente, isso não seria fácil, em especial porque os ricos têm muita influência dentro do sistema político. Mas, além de os impostos sobre a riqueza serem cobrados daqueles que têm mais condições de pagar, eles também podem ajudar a revitalizar a economia: ao recompensar aqueles que investem sua fortuna para criar novas rendas e penalizar aqueles que tentam apenas acumular mais riqueza, seja na especulação de terras ou em superiates, eles podem direcionar o dinheiro para usos mais produtivos. É provável que essas mudanças também precisem ser acompanhadas, pelo menos em alguns países, por medidas para reduzir a precariedade do emprego com o fortalecimento de leis trabalhistas falhas, como as que, em 2022, permitiram que uma operadora de balsas britânica substituísse sua força de trabalho por funcionários menos dispendiosos, pagando apenas a multa máxima que poderia ser cobrada por demiti-los ilegalmente durante a noite e, em seguida, registrando-a como despesa comercial. Junto a empregos mais seguros, salários mínimos decentes, ensino gratuito e esquemas generosos de reciclagem profissional — para proporcionar aos desempregados uma renda decente enquanto se readaptam a um mercado de trabalho em constante mudança —, isso não só criaria uma maior coesão social, mas também, sem dúvida, empresas mais produtivas (um modelo não muito diferente do existente na Escandinávia).

O reequilíbrio do contrato fiscal para reduzir as trajetórias atuais de divisão social também precisará de mais, e não menos, cooperação internacional. Um excelente ponto de partida seriam os tratados tributários internacionais para coibir a evasão fiscal em paraísos *offshore*, que, segundo estimativas atuais, abrigam mais de US$7 trilhões de riquezas oligárquicas, e reduzir a "arbitragem fiscal", por meio da qual as empresas multinacionais e os ricos criam estruturas elaboradas ou procuram países com impostos baixos para abrigar sua riqueza e renda, dificultando que seus países de origem as encontrem e as tributem. Parte disso já acontece. Estima-se que a declaração internacional da OCDE de 2021 sobre um imposto mínimo global, por meio da qual 130 países concordaram em estabelecer alíquotas de imposto corporativo não inferiores a 15%, poderia, por si só, proporcionar aos governos do mundo uma receita adicional de US$150 bilhões a cada ano.

Tratados internacionais sobre a redução de gases de efeito estufa e o Green New Deal também poderiam evitar a corrida para uma posição desfavorável em termos de emissões de carbono, garantindo às gerações mais jovens um futuro mais habitável. Isso poderia ser combinado com um regime global de impostos sobre o carbono, especialmente se associado a um esquema de dividendos que distribuísse as receitas desse imposto para a população em geral. Dessa forma, tais medidas poderiam ganhar mais apoio entre aqueles que muitas vezes se sentem prejudicados pelas políticas ambientais: a classe trabalhadora. Ao impor custos àqueles que mais poluem, os ricos, e ao mesmo tempo distribuir os dividendos igualmente, esse esquema recompensaria adequadamente as pessoas na extremidade inferior da escala de renda global. Por fim, os países ocidentais certamente terão que reformar seus sistemas previdenciários para restaurar sua viabilidade de longo prazo — adiar a idade de aposentadoria, por exemplo, como uma alternativa à redução dos níveis de pagamento —, já que, quando foram criados, ninguém previu uma era em que as pessoas passariam tanto tempo na aposentadoria quanto trabalhando.

Não será simples realizar nenhuma dessas escolhas necessárias. Mas, aconteça o que acontecer, o Ocidente simplesmente não poderá se tornar grande novamente nos termos dos séculos XIX e XX. As estruturas fundamentais da economia mundial mudaram de forma profunda demais para que isso seja possível, e alguns de seus líderes precisam parar de fingir que isso pode ser diferente. Tampouco, se quisermos ser honestos com relação ao grau de força e exploração sobre o qual o Império Ocidental moderno foi originalmente construído, alguém deveria lamentar sua morte. Os cidadãos da periferia em ascensão estariam muito mais propensos a aderir a uma nova ordem mundial se seu progresso material não fosse mais visto como uma ameaça, mas fosse bem-vindo e incentivado. Os elementos mais vergonhosos do passado colonial teriam, então, menos probabilidade de obscurecer a ideia de que a sociedade ocidental acabou encontrando seu caminho, por meio de conflitos internos, até um modelo consensual de organização sociopolítica, que oferece mais para um número maior de cidadãos do que qualquer sistema rival, não apenas em termos de prosperidade econômica, mas de liberdades individuais e direitos políticos e legais, facilmente tidos como garantidos, mas que foram tão raros durante a maior parte da história humana.

Se os cidadãos dos países ocidentais forem capazes de compreender os principais desafios que estão por vir, resolvendo de maneira democrática os argumentos inevitavelmente divisivos, de forma a dar aos cidadãos em geral um senso de inclusão e justiça e, principalmente, se puderem fazer isso de forma a permitir que os cidadãos dos países periféricos em ascensão acreditem que também lhes está sendo oferecida participação em um futuro mais igualitário, dentro de um sistema mais amplo e baseado nos mesmos valores compartilhados, os ganhos serão potencialmente colossais. O modelo do Estado-nação ocidental — originalmente construído com base em fluxos de riqueza alavancados a partir do resto do planeta — não só teria conseguido negociar um momento de crise potencialmente existencial, mas também gerado um legado pós-colonial de verdadeira grandeza, do qual seus cidadãos poderiam, de fato, se orgulhar.

Notas

1. Nas extremidades dessa parte do espectro político, houve tentativas de identificar uma "conspiração sombria" para substituir as populações do Ocidente por imigrantes da periferia. A "teoria da substituição", como ela mesma se autodenomina, tem suas origens em um romance distópico de 1973 (Jean Raspail, *Le camp des saints*), mas com mais do que uma referência ao discurso "Rivers of Blood" de Enoch Powell, de 1968. Em parte, ela passou de algumas margens políticas muito obscuras (tendo motivado alguns ataques terroristas) para círculos um pouco mais convencionais, aparecendo nos discursos de Viktor Orbán, da Hungria, e de Matteo Salvini, da Itália, enquanto percorria o movimento dos coletes amarelos (*gilets jaunes*) da França.

2. Flávio Estilicão nasceu em território romano, mas seu pai era um imigrante vândalo. Quando surgiu a oportunidade, nove anos depois, seus rivais lançaram um golpe de Estado sangrento, no qual Estilicão foi sumariamente executado junto de seus filhos.

3. Para um certo tipo de intelectual moderno, que gosta de citar a história romana para apoiar sua alegação de que os regimes liberais produzem economias mais dinâmicas, o fato incômodo enfrentado pela tese de Acemoglu-Robinson é que o Império Romano prosperou *depois* de abandonar o republicanismo.

4. Ainda hoje, a maior parte da produção da economia dos EUA é consumida internamente e, de seu comércio externo, o Canadá e o México respondem pela metade; os padrões, voltando no tempo, operantes em períodos de dominação britânica, francesa ou holandesa, não eram muito diferentes.

5. Nessa data, Constantinopla era o principal destino de exportações semelhantes do Egito e das províncias do Oriente Próximo de Roma.

6. Os mesmos tipos de histórias podem ser contados sobre muitos indivíduos da elite da metade oriental do Império. Sua educação foi concluída em grego, mas transmitiu exatamente as mesmas mensagens ideológicas e, de forma semelhante, os preparou, no século IV, para prosperar nas estruturas do Império.

7. A América Latina ocupou uma posição anômala no sistema imperial ocidental. Algumas das colônias originais espanholas e portuguesas foram colonizadas em larga escala por europeus, mas, mesmo depois de conquistarem a independência no início do século XIX, elas nunca alcançaram o status de província plena dentro do sistema imperial ocidental em desenvolvimento, ao contrário dos domínios brancos da Grã-Bretanha. Como a Espanha e Portugal, essas colônias eram dominadas pela riqueza gerada pela agricultura de uma classe da elite latifundiária. Foram esses proprietários de terras locais que lideraram os movimentos de independência e que, posteriormente, tiveram pouco interesse em derrubar o modelo econômico que havia estabelecido sua proeminência. Como resultado, as elites latino-americanas permaneceram fora da cultura emergente do capitalismo ocidental, com seu foco crescente nos mercados, na liberdade individual e na democracia, e os territórios que elas dominavam, na melhor das hipóteses, operavam dentro da periferia interna do sistema imperial emergente.

8. "$22,020,700,446 Gold Held by Treasury; About 80% of Monetary Stock of World in This Country", *New York Times*, 7 de janeiro de 1941 (https://www.nytimes.com/1941/01/07/archives/ 22020700446- goldheld-by-treasury-about-80-of-monetary-stock-of.html).

9. Vários países da América Latina e alguns Estados independentes da periferia, como o Iraque e a China, participaram da conferência, embora seu impacto no acordo final tenha sido limitado.

10. A libra esterlina era a principal moeda de reserva do mundo em 1945, mas, nas décadas seguintes, foi progressivamente substituída pelo dólar americano; hoje, cerca de três quintos das reservas cambiais do mundo são depositadas nos EUA (Barry Eichengreen, Livia Chițu e Arnaud Mehl, *Stability or Upheaval? The Currency Composition of International Reserves in the Long Run*, European Central Bank Working Paper Series #1715, agosto de 2014: https://www.ecb.europa.eu/pub/pdf/ scpwps/ecbwp1715.pdf.

11. Na verdade, o Tesouro não estava produzindo dinheiro físico. De fato, os bancos eram simplesmente instruídos a creditar a conta de um cliente, usando valores em dólares que, em teoria, poderiam ser resgatados em ouro.

12. O documento da CIA de 1974 que avalia o apoio soviético a Allende é devastador em sua franqueza; seu título é simplesmente "The Soviets Abandon Allende" [Os soviéticos abandonam Allende]. https://www.cia.gov/library/readingroom/docs/DOC_0000307740.pdf.

13. Os bárbaros europeus derrotaram e mataram o imperador Décio, que teve vida curta. Mas ele comandava os recursos de apenas uma pequena parte do Império, e sua derrota não foi em uma escala aplicada regularmente pelos persas.

14. Outra possibilidade básica é que a chegada dos hunos foi impulsionada por uma revolução política em andamento no mundo das estepes, em direção a impérios maiores; as duas linhas de explicação não são mutuamente exclusivas.

15. As chamadas Guerras Marcomanas do século II, que acabaram gerando as vitórias que Marco Aurélio comemorou em sua coluna em Roma, tiveram origens semelhantes.

16. É um padrão geral no período medieval — repetido pelos ávaros no século VI e pelos magiares no século IX — que os nômades invasores ocupem primeiro o território ao norte do Mar Negro e, em seguida, façam um movimento subsequente para o oeste, para a Grande Planície Húngara.

17. Seus efeitos são visíveis na *Notitia Dignitatum*, uma lista militar do exército oriental datada de 395, na qual dezesseis unidades de infantaria pesada são mostradas como "desaparecidas", ou seja, não haviam sido reformadas nas duas décadas seguintes.

18. As evidências arqueológicas sugerem que as lacunas resultantes na fronteira foram preenchidas com a contratação de auxiliares bárbaros de fora da fronteira.

19. Os borgonheses se estabeleceram em solo romano no final da década de 430, depois de terem sido derrotados pelos hunos; eles claramente não eram tão poderosos quanto a confederação visigótica.

20. Siágrio e Leo de Narbonne aconselhavam os reis da Borgonha e dos visigodos, respectivamente; um prefeito pretoriano da Gália chamado Arvando e um vice-prefeito ("vigário") chamado Seronato foram condenados por traição, por incentivar os reis vizinhos a aumentar a área da Gália sob seu controle.

21. Em termos de DNA, todos os descendentes de europeus são produto (embora em proporções ligeiramente diferentes em lugares diferentes) de uma mistura de três grupos populacionais distintos, de um passado distante: os caçadores-coletores que repovoaram o continente pela primeira vez após a última Era Glacial; uma imigração de agricultores do Oriente Próximo, que se espalhou pela região por volta de 4000 a.C.; e um novo impulso populacional da estepe eurasiática, que chegou mil anos depois disso.

22. Muitas vezes as pessoas que se consideram de classe média, ou até mesmo da classe trabalhadora (o que acontece com alguns profissionais que pertencem a sindicatos), ficam surpresas ao saber que fazem parte do 1% mais rico do planeta, já que a maioria das pessoas que conhecem é como elas. Mas isso revela nossos preconceitos (conscientes ou inconscientes) na forma como nos socializamos, ou o que é conhecido como mistura seletiva. No passado, o casamento entre classes atenuava esse efeito, mas, nas últimas décadas, houve um aumento no acasalamento seletivo entre os mais abastados, o que parece distanciar ainda mais o décimo superior do restante da sociedade.

23. https://ourworldindata.org/grapher/disposable-household-income-byincome-decile-absolute?time=1979..latest&country=~USA.

24. A Federal National Mortgage Association e a Federal Home Loan Mortgage Corporation, coloquialmente conhecidas como Fannie Mae e Freddie Mac, respectivamente.

25. https://www.project-syndicate.org/commentary/western-sanctions-russia-oligarch-dark-money-by-daron-acemoglu-2022-03.

26. George Parker e Chris Giles, 'Johnson seeks to channel FDR in push for UK revival', 29 de junho de 2020: https://www.ft.com/content/f708ac9b7efe-4b54-a119-ca898ad71bfa.

27. É certo que alguns economistas se perguntam o que há de tão moderno nisso, considerando-o muito semelhante ao keynesianismo

antiquado, com raízes ainda mais profundas nas teorias monetárias "cartalistas" alemãs do início do século XX.

28. À medida que os membros de um plano previdenciário se aproximam da idade de aposentadoria, os gestores de fundos precisam transferir mais de sua carteira para investimentos seguros, como títulos públicos. Eles não podem correr o risco de investir em um empreendimento comercial potencialmente lucrativo se houver a possibilidade de o investimento fracassar, o que pode ser suavizado por um gestor de fundos que investe a longo prazo, mas que não é uma opção quando os clientes esperam um pagamento regular todo mês.

Leitura Adicional

INTRODUÇÃO

A obra-prima de Edward Gibbon está disponível em sua forma completa ou resumida, publicadas pela Penguin. O pensamento de Peter Heather sobre o primeiro milênio é apresentado na íntegra, com aparato acadêmico, em *Empires and Barbarians: Migration, Development, and the Birth of Europe* (Londres, 2009). John Rapley começou a pensar sobre a globalização contemporânea e os ciclos profundos de regimes em ascensão e queda em *Globalization and Inequality* (Boulder, Lynne Rienner, 2004), iniciando assim uma conversa com Peter Heather sobre os paralelos entre o antigo e o moderno.

1. FESTEJANDO COMO SE FOSSE 399

Toda a poesia de Claudiano pode ser lida na tradução (com texto em latim, se você estiver interessado) de Maurice Platnauer, *The Works of Claudian*, Loeb (Londres, 1922); a corte em que ele trabalhava é brilhantemente evocada por Alan Cameron, *Claudian: Poetry and Propaganda at the Court of Honorius* (Oxford, 1970). Um relato clássico da antiga ortodoxia do colapso econômico romano tardio é M. Rostovtzeff, *The Social and Economic History of the Roman Empire*, 2ª ed. rev. P. Fraser (Oxford, 1957).

O arqueólogo da Síria romana tardia é G. Tchalenko, *Villages antiques de la Syrie du Nord* (Paris, 1953–1988), e Bryan Ward Perkins, *The Fall of Rome and the End of Civilisation* (Oxford, 2005), resume de forma eloquente as evidências subsequentes da prosperidade econômica romana tardia. As muitas obras de Peter Brown — veja especialmente *The Rise of Western Christendom*, rev. 3ª ed. (Oxford, 2013)

— oferecem um caminho brilhante para a eflorescência cultural do Império tardio e além. O relatório do ex-funcionário público britânico sobre as estruturas de seu governo pode ser encontrado em A.H.M Jones, *The Later Roman Empire: A Social Economic and Administrative Survey*, 3 vols. (Oxford, 1964).

Os paralelos romanos têm uma longa linhagem entre os historiadores modernos, sendo que alguns dos clássicos ainda populares entre o público em geral, para o bem ou para o mal, são *A Study of History*, de Arnold Toynbee, e *Decline of the West*, de Osvald Spengler. Os comentaristas contemporâneos, em especial os norte-americanos ou europeus da direita política, ficaram particularmente entusiasmados com a ideia do colapso da civilização e do ataque da barbárie, embora grande parte seja sensacionalista ou mal documentada. Mas um ensaio seminal que — mais uma vez, para o bem ou para o mal — influenciou o pensamento da política externa nos últimos tempos foi "The Coming Anarchy" de Robert Kaplan, que se originou como um ensaio na *Atlantic* (1994), e que mais tarde foi transformado em um livro (Nova York, 2000).

Os dados sobre as economias mundiais contemporâneas são provenientes do *World Development Indicators* do Banco Mundial, que é um dos bancos de dados mais confiáveis e acessíveis disponíveis. A fonte padrão para estimativas históricas do produto interno bruto e da renda per capita ao longo da história está no banco de dados, compilado por Angus Maddison, que agora é mantido em https://www.rug.nl/ggdc/historicaldevelopment/maddison/releases/maddison-project-database-2020?lang=en.

2. IMPÉRIO E ENRIQUECIMENTO

A *Mosella* de Ausônio, traduzida (novamente com o texto em latim) por H. G. Evelyn White, em *The Works of Ausonius*, Loeb, vol. 2 (Londres, 1961), que convenientemente é acompanhada da resposta irascível de Símaco. A evolução cultural mais ampla que produziu ambos é brilhantemente evocada por uma combinação de G. Woolf, *Becoming Roman: The Origins of Provincial Civilization in Gaul* (Cambridge, 1988), e R. A. Kaster, *Guardians of Language: The Grammarian and Society in Late Antiquity* (Berkeley, 1988). O melhor estudo sobre o mundo da corte em que ambos atuavam é de J. F. Matthews, *Western Aristocracies and Imperial Court A.D. 364-425* (Oxford, 1975). Os resultados empolgantes produzidos pelas pesquisas arqueológicas do final do século XX são resumidos, entre outros, por T. Lewitt, em *Agricultural Production in the Roman Economy A.D. 200-400* (Oxford, 1991), com mais reflexões em C. Wickham, *Framing the early Middle Ages: Europe and the Mediterranean 400-800* (Oxford, 2005). O comentarista do século IV sobre a irrelevância política de Roma é Themistius, em sua quarta oração (para o imperador oriental Constâncio II), que pode ser lida traduzida na íntegra em P. J. Heather e D. Moncur, *Politics, Philosophy, and Empire in the Fourth Century: Select Orations of Themistius, Translated Texts for Historians* (Liverpool, 2001).

As origens do capitalismo moderno continuam sendo um tópico de debate considerável, sem falar na curiosidade geral que elas despertam pelo aparente enigma de suas origens (como as conhecemos) na Europa. Em *Guns, Germs and Steel: The Fates of Human Societies* (Nova York, 1997), Jared Diamond apresentou um argumento muito discutido que atribuía a origem e a expansão do capitalismo a fatores ambientais. A tais fatores, Eric Jones acrescentou os fatores políticos, em *The European Miracle: Environments, Economies and Geopolitics in the History of Europe and Asia* (Cambridge, 1981), um livro que pode ser lido de forma proveitosa junto à discussão de Justin Yifu Lin sobre por que o capitalismo *não* se originou na China imperial. Em 'The Needham Puzzle: Why the Industrial Revolution Did Not Originate in China', *Economic Development and Cultural Change*, vol. 43, nº 2 (janeiro de 1995), p. 269-292, ele apresenta o interessante argumento de que o sistema de exame do serviço civil chinês incentivava os jovens ambiciosos a sair da indústria e entrar na burocracia. Mas talvez a síntese mais influente das origens institucionais do capitalismo atualmente continue sendo a de Daron Acemoglu e James Robinson, *Why Nations Fail* (Nova York, 2012). Quanto ao capitalismo italiano inicial, um bom estudo de caso é oferecido em *Venice: A Maritime Republic* (Baltimore, 1973), de Frederic C. Lane. A história da família Vanderbilt pode ser reconstruída com o uso do banco de dados https://longislandsurnames.com, e um bom livro sobre a grande migração europeia que ocorreu na virada do século XX é por Tara Zahra, *The Great Departure: Mass Migration from Eastern Europe and the Making of the Free World* (Nova York, 2016).

3. LESTE DO RENO, NORTE DO DANÚBIO

Sobre o estabelecimento da linha de fronteira de Roma e o desenvolvimento econômico que se seguiu no mundo não romano, veja P. J. Heather, *Empires and Barbarians: Migration, Development, and the Birth of Europe* (Londres, 2009), especialmente o Cap. 2, que se baseia em uma grande quantidade de pesquisas e análises arqueológicas. Não menos importante, o maravilhoso livro de Lotte Hedeager, *Iron-Age Societies: From Tribe to State in Northern Europe, 500 BC to AD 700*, trad. J. Hines (Oxford, 1992). Uma boa introdução ao mundo da Europa "externa", que não foi tocada pela ascensão (e queda) de Roma, é de P. M. Dolukhanov, *The Early Slavs: Eastern Europe from the initial Settlement to the Kievan Rus* (Harlow, 1996). As evidências arqueológicas sobre os tervíngios do século IV estão resumidas em P. J. Heather e J. F. Matthews, *The Goths in the Fourth Century, Translated Texts for Historians* (Liverpool, 1991), Cap. 2. Sobre as antigas rotas de âmbar, veja, por exemplo, A. Spekke, *The Ancient Amber Routes and the Geographical Discovery of the Eastern Baltic* (Chicago, 1976).

A história da vida de Jamsetji Tata pode ser encontrada em F. R. Harris, *Jamsetji Nusserwanji Tata: A Chronicle of His Life* (Bombaim, 1958), que pode ser comparado ao estudo de S.M. Rutnagar sobre a comunidade empresarial de Bombaim à época de Tata, *The Bombay Cotton Mills: A Review of the Progress of the Textile Industry in Bombay from 1850 to 1926 and the Present Constitution, Management and Financial Position of the Spinning and Weaving Factories* (Bombaim, 1927). A evolução da periferia global contemporânea é discutida em John Rapley, *Understanding Development: Theory and Practice in the Third World*, 3ª ed. (Boulder, 2006), enquanto uma análise mais detalhada do desenvolvimento do capitalismo colonial pode ser encontrada em John Rapley, *Ivoirien Capitalism: African Entrepreneurs in Côte d'Ivoire* (Boulder, 1993). Para uma visão fascinante de como era fina a camada de colonialismo na periferia, os diários do administrador colonial francês Robert Delavignette, *Freedom and Authority in French West Africa* (Londres, 1950), são um volume de fácil leitura. Da mesma forma, para a Índia *Class Structure and Economic Growth, de Angus Maddison: India and Pakistan since the Moghuls* (Londres, 1971), de Angus Maddison, revela o grau em que a administração britânica dependia quase que inteiramente de agentes locais.

4. O PODER DO DINHEIRO

As histórias de Conodomário e Macriano são relatadas pelo historiador romano Amiano Marcelino, traduzidas na íntegra (com o texto em latim) por J. C. Rolfe, *Ammianus Marcellinus*, Loeb (Londres, 1935-1939); a excelente tradução da Penguin Classics, infelizmente, omite alguns dos capítulos relacionados a Macriano. John Drinkwater, *The Alamanni and Rome 213-496* (Oxford, 2007), é sempre uma leitura que vale a pena, mas se esforça demais — contra uma grande quantidade de evidências — para transformar os alamanos em fonte de nenhum tipo de ameaça: P. J. Heather 'The Gallic War of Julian Caesar', em Hans-Ulrich Wiemer e S. Rebenich (ed.), *A Companion to Julian the Apostate* (Brill, 2020). Sobre a confederação gótica dos tervíngios, veja P. J. Heather, *Goths and Romans 332-489* (Oxford, 1991). Dennis Green, *Language and History in the Early Germanic World* (Cambridge, 1998), discute a evidência linguística da militarização da liderança no mundo de língua germânica. Lotte Hedeager novamente (veja a leitura adicional do Capítulo 3), sobre os surpreendentes depósitos de armas do período romano tardio.

O despertar político da classe empresarial indiana e sua adesão gradual ao movimento nacionalista são discutidos em Claude Markovits, *Indian Business and Nationalist Politics, 1931–1939* (Cambridge University Press, 1985), p. 32. O amplo movimento de descolonização e o surgimento do que veio a ser chamado de Terceiro Mundo são detalhados em John Rapley, *Understanding Development: Theory and Practice in the Third World* (Boulder, 2006). Benn Steil oferece uma visão interessante da criação do sistema de Bretton Woods no pós-guerra, girando em torno do debate entre seus dois grandes arquitetos, em *The Battle of Bretton Woods: John Maynard Keynes, Harry Dexter White, and the Making of a New World Order* (Princeton, 2013), enquanto sua elaboração completa pode ser encontrada no capítulo 12 de John Rapley, *Twilight of the Money Gods* (Londres, 2017). O rápido declínio da libra esterlina como moeda de reserva mundial depois disso e o surgimento da ordem global do dólar são detalhados em Barry Eichengreen, Livia Chițu e Arnaud Mehl, *Stability or Upheaval? The Currency Composition of International Reserves in the Long Run*, European Central Bank Working Paper Series #1715, agosto de 2014. Por fim, em meio a toda a literatura sobre o golpe chileno, não há melhor lugar para começar do que pelo memorando da CIA, intitulado simplesmente, "The Soviets Abandon Allende". Ele pode ser acessado em https://www.cia.gov/library/readingroom/docs/DOC_ 0000307740.pdf.

5. AS COISAS DESMORONAM

As opiniões de Peter Heather sobre o fim do sistema imperial romano ocidental são apresentadas com mais detalhes em *The Fall of the Roman Empire: A New History of Rome and the Barbarians* (Londres, 2005). Construções alternativas que dão menos peso ao elemento bárbaro (mas não o negam) podem ser encontradas, por exemplo, em Walter Goffart, 'Rome, Constantinople, and the Barbarians in Late Antiquity', *American Historical Review* 76 (1981), 275-306; Guy Halsall, *Barbarian Migrations and the Roman West* 376-568 (Cambridge, 2007); e Michael Kulikowski, *Imperial Tragedy: From Constantine's Empire to the Destruction of Roman Italy (AD 363-568)* (Londres, 2019). Sobre as mudanças geoestratégicas envolvidas no recentramento do Império no norte da Europa, consulte Peter Heather, *Empires & Barbarians: Migration, Development and the Creation of Europe* (Londres, 2009), com Chris Wickham, *Framing the Early Middle Ages: Europe and the Mediterranean 400-800* (Oxford, 2005). O melhor relato atual sobre as guerras com a Pérsia e a ascensão do Islã, que reduziram Roma Oriental a Bizâncio, é James Howard-Johnston, *The Last Great War of Antiquity* (Oxford, 2021), com Mark Whittow, *The Making of Orthodox Byzantium, 600-1025* (Londres, 1996), e John Haldon, *Byzantium in the Seventh Century: The Transformation of a Culture* (Cambridge, 1990). As cartas de Sidônio Apolinário podem ser lidas na tradução (voltada para o latim) de W. B. Anderson, *Sidonius Apollinaris Poems & Letters*, Loeb (Londres, 1936-65).

6. INVASÕES BÁRBARAS

Simon Esmonde-Cleary, *The Ending of Roman Britain* (Londres, 1989, mas com várias edições), é uma excelente introdução às visões mais antigas sobre a tomada do sul da Grã-Bretanha pelos anglo-saxões, e por que e como elas precisam ser revisadas. Peter Heather, *Empires & Barbarians: Migration, Development and the Creation of Europe*

(Londres, 2009), Cap. 6, oferece uma reconstrução narrativa mais completa. Sobre a simplificação drástica da cultura material pós-romana do sul da Grã-Bretanha, consulte Bryan Ward Perkins, *The Fall of Rome and the End of Civilization* (Oxford, 2005), e Ellen Swift, *The End of the Western Roman Empire: An Archaeological Investigation* (Stroud, 2000). Os vários ensaios em P. Porena e Y. Rivière (ed.), *Expropriations et confiscations dans les royaumes barbares: une approche régionale* (Roma, 2012), fornecem um importante corretivo para as visões extremamente positivas de Walter Goffart, *Barbarians and Romans AD 418-584: The Techniques of Accommodation* (Princeton, 1980), sobre as realidades da apropriação de terras pelos bárbaros.

A teoria da conspiração da "grande substituição", que ganhou tanto espaço na extrema direita, tem suas origens em um livro francês de 2011 com esse título, de Renaud Camus, embora sua inspiração mais antiga tenha vindo de um romance distópico de 1973 — também de um autor francês, Jean Raspail —, que foi traduzido para o inglês como *The Camp of the Saints*. Um relatório útil sobre a demografia atual dos países da OECD está disponível em https://www.oecd.org/els/family/47710686.pdf. Há uma literatura muito ampla que avalia o impacto econômico da imigração legal e ilegal nas sociedades ocidentais, mas alguns pontos de partida úteis são Florence Jaumotte, Ksenia Koloskova e Sweta C. Saxena, *Impact of Migration on Income Levels in Advanced Economies* (Washington, DC, 2016), Gordon H. Hanson, *The Economic Logic of Illegal Immigration* (Nova York, 2007) e David K. Androff et al., 'Fear vs. Facts: Examining the Economic Impact of Undocumented Immigrants in the U.S.', *Journal of Sociology and Social Welfare* 39, 4 (dezembro de 2012). Por fim, da vasta literatura sobre o declínio da produtividade do trabalho nas sociedades ocidentais, talvez a mais confiável (se focada nos EUA) continue sendo *The Rise and Fall of American Growth* (Princeton, 2016), de Robert J. Gordon, embora um pequeno e útil complemento seja *The Great Stagnation* (Nova York, 2011), de Tyler Cowen.

7. O PODER E A PERIFERIA

Os efeitos das perdas progressivas da base tributária territorial no sistema imperial romano ocidental são examinados em Heather, *The Fall of the Roman Empire*, Cap. 4 e seguintes. Sobre a destrutiva guerra mundial de Roma Oriental com a Pérsia sassânida, consulte Howard-Johnston, *The Last Great War*, com, entre muitas possibilidades, o excelente livro de Hugh Kennedy, *The Great Arab Conquests: How the Spread of Islam Changed the World We Live In* (Londres, 2007), sobre a era de expansão islâmica que ela inaugurou. *The Rise of Western Christendom*, 3ª edição (Oxford, 2013) de Peter Brown, é um excelente ponto de partida sobre a transmissão de elementos da cultura romana clássica para o Ocidente pós-romano.

A ascensão e a disseminação do neoliberalismo são discutidas detalhadamente em John Rapley, *Globalization and Inequality: Neoliberalism's Downward Spiral* (Boulder, 2004), enquanto seu impacto no mundo em desenvolvimento é amplamente abordado em Rapley, *Understanding Development* (Boulder, 2006). A tese de Francis Fukuyama sobre o fim da história, originalmente apresentada em um ensaio, foi transformada em um livro de 1992 chamado *The End of History and the Last Man.* A teoria da armadilha de Tucídides foi apresentada pela primeira vez pelo grande estudioso de relações internacionais Graham Allison, em um ensaio de 2012 do *Financial Times*, embora ele tenha expandido essa teoria em um livro de 2017 intitulado *Destined for War: Can America and China Escape Thucydides's Trap?*. Por fim, o artigo de Boris Johnson "Africa is a Mess", que entrou para os anais da infâmia, foi publicado no *The Spectator* em 2002 e pode ser encontrado no site da revista.

8. A MORTE DA NAÇÃO?

Os pontos de vista de Peter Heather sobre o contrato fiscal no centro do sistema imperial romano e sobre a natureza da integração política e da dissidência dentro dele são explorados mais detalhadamente em *Rome Resurgent: War and Society in the Age of Justinian* (Oxford, 2017), capítulos 1 e 2. Há muitos relatos maravilhosos sobre a Revolta dos Camponeses, mas o brilhante *Bond Men Made Free: Medieval Peasant Movements and the English Rising of 1381* (Londres, 1988: em muitas outras edições também) é um ótimo ponto de partida.

O efeito que a ascensão da periferia moderna teve na reversão dos fluxos de recursos que ajudaram a enriquecer o Ocidente é explorado em John Rapley, *Twilight of the Money Gods* (Londres, 2017). O fenômeno da erosão do Estado, dando lugar a tipos informais de governança, foi apresentado em John Rapley, "The New Middle Ages", *Foreign Affairs* (2016). Sobre o aumento do 1% global e a composição dos 10% mais ricos, não há nada melhor do que a principal autoridade, Branko Milanovic, que publicou vários livros sobre o tema da desigualdade global, dos quais o mais indicado é *Haves and Have Nots* (Nova York, 2007). Um livro útil é também o *Global Wealth Report*, publicado anualmente pelo Credit Suisse, que permite que os leitores curiosos descubram em que posição da oligarquia global eles podem estar.

CONCLUSÃO

A importância da Armada Bizantina de 468 é explorada com mais detalhes em Heather, *The Fall of Rome*, Capítulos 8 e 9. O fato de que ela pode não ter fracassado é confirmado pelo sucesso triunfante da expedição de Justiniano em 532; veja Heather, *Rome Resurgent*, Cap. 5.

Índice